南京“金陵学堂”妈妈的味道厨艺大赛

南京市“莫愁家韵”月满家门口家风活动

苏州市龙狮文化传承人展示技艺

苏州工业园区公益课程美丽俏佳人

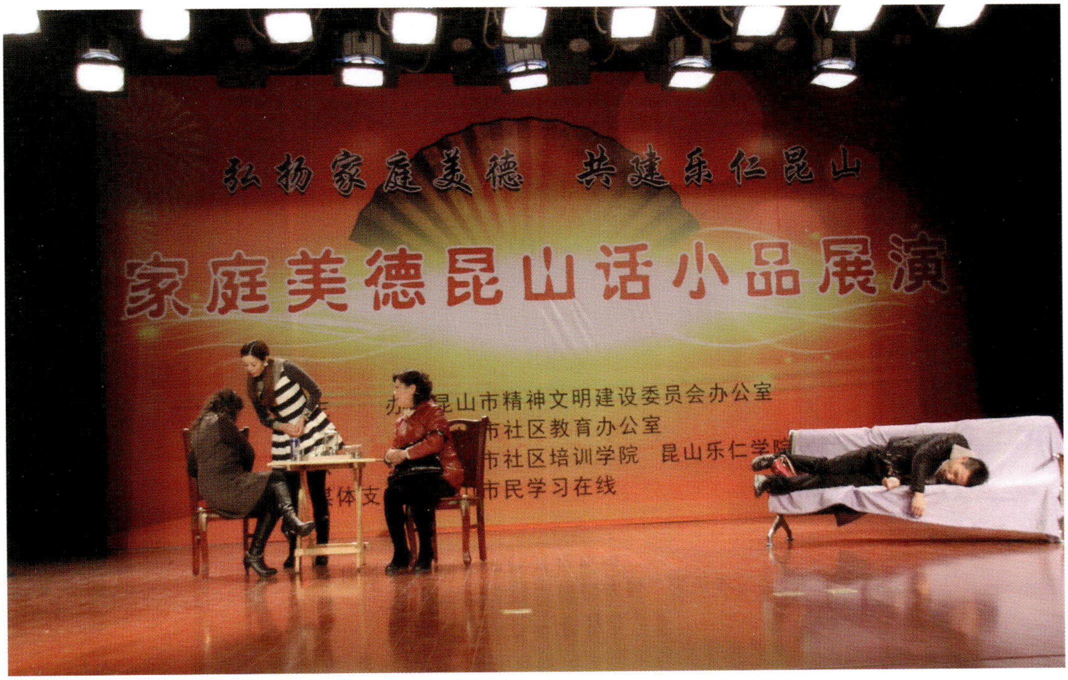

家庭美德昆山话小品展演

镇江宝华刻纸社团

镇江宝华预防诈骗知识讲座

镇江市“街巷剧场”汇报演出

镇江市“金色蓓蕾”早教活动

镇江市“扶老上网”汇报展示课

镇江市志愿导学 关爱留守儿童

武进开大“银光课堂”老年学员去礼嘉牡丹园游学

武进开大“银光课堂”老年学员学习制作手工包

常州市天宁区家庭教育“清源固本”于无声处育朝阳

常州市天宁区家庭教育“清源固本”于无声处育朝阳

常州市红领巾假期学校参观军事博物馆

常州市红领巾假期学校放飞航模

无锡“锡山学习在线”进社区惠民演出

连云港市海州区路南街道“书香路南 · 亲子悦读文化节”启动仪式

连云港市海州区路南街道“书香路南 · 经典咏乐汇”启动仪式

连云港市海州区路南街道“社区婆婆节”

建湖县“朦胧驿站”暑期青少年游学“陆秀夫纪念馆”活动

社会教育与江苏实践丛书

江苏社区教育发展报告

2017—2019

江苏开放大学
江苏省社会教育服务指导中心 编

南京师范大学出版社

图书在版编目(CIP)数据

江苏社区教育发展报告：2017—2019／江苏开放大学，江苏省社会教育服务指导中心编．—南京：南京师范大学出版社，2020.12

(社会教育与江苏实践丛书／崔新有主编．2019卷)

ISBN 978-7-5651-4618-3

Ⅰ．①江… Ⅱ．①江… ②江… Ⅲ．①社区教育-研究报告-江苏-2017—2019 Ⅳ．①G779.2

中国版本图书馆 CIP 数据核字(2020)第207257号

丛书名	社会教育与江苏实践丛书
丛书主编	崔新有
书名	江苏社区教育发展报告:2017—2019
编者	江苏开放大学　江苏省社会教育服务指导中心
策划编辑	林荣芹
责任编辑	柯　琳
出版发行	南京师范大学出版社
地址	江苏省南京市玄武区后宰门西村9号(邮编:210016)
电话	(025)83598919(总编办)　83598412(营销部)　83373872(邮购部)
网址	http://press.njnu.edu.cn
电子信箱	nspzbb@njnu.edu.cn
照排	南京凯建文化发展有限公司
印刷	广东虎彩云印刷有限公司
开本	710毫米×1000毫米　1/16
印张	12.75
字数	198千
版次	2020年12月第1版　2020年12月第1次印刷
书号	ISBN 978-7-5651-4618-3
定价	78.00元
出版人	张志刚

本卷编委会

总　主　编　｜　崔新有

副总主编　｜　吴忠宁　吴　进

编　　　委　｜　（按姓氏笔画排序）

丁晓华　马红霞　王　权　王其友　冯　亮　李伟力

吴　杰　邱　静　沈　悦　张根和　张壘壘　陈　峰

陈若愚　陈锦华　周芹传　施　健　费红辉　钱旭初

高觐悦　黄会琴　葛俊芬　薛　亮

本卷主编　｜　吴　进　钱旭初

本卷副主编　｜　吴　杰　丁晓华　王　权

前言

PREFACE

社区教育是终身教育体系的重要组成部分，是学习型社会建设的重要内容。三年来，在江苏省委、省政府的领导下，江苏积极落实党的十九大“办好继续教育，加快建设学习型社会，大力提高国民素质”的精神，扎实推进社区教育，构建了具有江苏特色的社区教育体系，形成了一批社区教育成果，为办好人民满意的教育、完善终身教育体系，推进“两聚一高”新实践、建设“强富美高”新江苏做出了新的贡献。

为集中展示三年来江苏社区教育发展的新成就，总结推广社区教育发展的成功经验，真实反映社区教育发展的思想智慧，主动回应社会各界对社区教育的关切，江苏开放大学、江苏省社会教育服务指导中心组织编写了这套“社会教育与江苏实践丛书”（2019卷）。丛书包括《江苏社区教育发展报告（2017—2019）》《江苏省社区教育通用型课程建设指导大纲（选编）》《首届“江苏省社会教育（教学）成果奖”获奖成果精粹》三卷。

丛书编写工作意义重大。回顾过去，总结经验，可以更好地面向未来。党的十九大的胜利召开，昭示着中国发展进入新的历史方位，社区教育也迎来新的历史时期。丛书编写者怀着高度的责任心和使命感，以求真务实的精神，系统整理、全面介绍江苏社区教育发展的基本情况、基本经验和基本特点，真实反映江苏社区教育发展的深刻变化，客观展现社区教育发展的特色和亮点，深入探究社区教育的发展规律和发展趋势，为社区教育决策、研究提供可资利用的资料。这套丛书对于深入了解和全面认识江苏社区教育实践具有重要的参考价值，也为社会各界了解社区教育提供了重要窗口。

丛书内容丰富，针对性和实效性较强。丛书共有三卷，第一卷《江苏社区教育发展报告（2017—2019）》全面介绍了近三年来江苏社区教育发展的政策保障、组织机构、经费投入、队伍建设、数字化平台及资源建设、课题研究以及问题对策等方面内容。第二卷《江苏省社区教育通用型课程建设指导大纲(选编)》为推动课程建设规范化、特色化发展,提供了重要的模板与指导。第三卷《首届“江苏省社会教育(教学)成果奖”获奖成果精粹》集中展现了全省各级各类社会教育机构及教学、管理、科研人员在社会教育教学改革、项目建设和管理工作中所取得的成果。可以说,丛书既是江苏社区教育发展的经验总结,又是社区教育发展的资料汇集。丛书将为社区教育管理决策、科学研究提供参考,也为社区教育工作者认识、分析和研究社区教育实践提供指导。

希望丛书的出版能够进一步深化江苏社区教育的内涵建设,推动江苏社区教育的实践发展,为完善终身教育体系添砖加瓦。

江苏开放大学校长

江苏省社会教育服务指导中心主任

2019 年 12 月

目录

CONTENTS

第二部分　特色案例

第一部分

发展报告

第一章

江苏省社区教育政策保障和组织机构

党的十九大报告指出，中国特色社会主义进入新时代，这是我国发展新的历史方位。习近平总书记在2018年9月的全国教育大会上提出，优先发展教育事业，加快推进教育现代化、建设教育强国、办好人民满意的教育。为深入贯彻落实十九大精神和习近平总书记在全国教育大会上的重要指示，中共中央、国务院印发的《中国教育现代化2035》提出，扩大社区教育资源供给，加快发展城乡社区老年教育，推动各类学习型组织建设。这给社区教育发展指明了新的方向和路径，带来了新的活动和动力，社区教育发展进入新的历史时期。

自2017年来，在江苏省委、省政府的领导下，江苏积极贯彻落实党的十九大“办好继续教育，加快建设学习型社会，大力提高国民素质”的精神，扎实推进社区教育，积极引领，统筹协调，特色发展，进一步完善社区教育政策保障体系和组织机构，初步形成具有江苏特色的社区教育体系，为办好人民满意的教育、完善终身教育体系，推进“两聚一高”新实践、建设“强富美高”新江苏做出了贡献。

第一节　管理体制

为贯彻落实《教育部等九部门关于进一步推进社区教育发展的意见》（教职成〔2016〕4号），强化社区教育基础能力建设，整合各类资源，优化体制机制，完善政策措施，不断深化发展社区教育内涵。2017年，江苏省教育厅等十一部门联合发布了《江苏省教育厅等部门关于加快发展社区教育的实施意见》(苏社教〔2017〕1 号),《意见》出台后江苏各级政府高度重视,进一步健全社区教育管理体制和运行机制,总体上形成了党委领导、政府统筹、教育部门主管、相关部门配合、社会积极支持、社区自主活动、市场有效介入、群众广泛参与的社区教育协同发展体制和运行机制。经过多年努力,特别是近几年的努力,全省以“省级开放大学为龙头,以县(市)、区社区大学、社区学院为骨干,以乡镇(街道)社区教育中心和居民学校为基础”的五级社区教育网络体系更加完整,并逐渐从“完整”走向“完善”。

一、加强组织协调,促进内涵发展

江苏各地政府坚持将社区教育纳入区域经济社会发展的整体规划,教育部门充分发挥牵头作用,做好组织协调和统筹管理,其他职能部门积极支持配合,形成政府主导、多部门共同参与的工作机制。

南京市委、市政府高度重视社区教育工作,将社区教育纳入全市终身教育体系和学习型城市建设范畴,做好全市社区教育工作的顶层设计和系列规划,从政策保障方面给予了大力支持,形成了切实有效的领导体制与管理机制,发挥了政府在推进全市社区教育发展中的主导作用。建邺区教育局、社区学院牵头,组织各街道与辖区内相关学校结对共建、双向服务,形成“学校五进社区”(即校长进社区、教师进社区、学生进社区、教育资源进社区、教育活动进社区)、“社区四进学校”(即社区资源进学校、社区服务进学校、社区人才进学校、社会评价进学校)的“双进”工作机制。

苏州市加快完善社区教育顶层架构,2016 年下发了苏州市十四部门《关于加强社区教育工作 推进学习型苏州建设的意见》(苏教〔2016〕7 号)等文件,对地方社区教育发展进行规划。随着苏州市社会教育服务指导中心的成立,苏州社区教育形成了“一体两翼”的管理格局。市教育局、社会教育服务指导中心、终身教育学会三方通力合作,在管理体制、运行机制、制度设计、经费投入、队伍建设等方面完善社区教育体系,逐步将苏州的社区教育引向规范化、制度化发展,基本形成符合苏州特点的社区教育体系。

常州市在政府部门的统筹领导下，在市终身教育工作领导小组的指导下，持续完善“市开放大学—辖县（市）区社区学院—乡镇（街道）社区教育中心—社区居（村）民学校”社区教育四级网络体系。自2017年以来，常州市组建了涵盖常州各类高等院校在内的社区教育联盟，整合各种社会办学力量，将各类社会组织、行业协会及企业结合，依托图书馆、博物馆、科教馆、名人纪念馆等建立了几十个终身学习服务基地，共同促进社区教育发展。

南通市根据已经成立的社区教育“市、区、街、居”四级行政管理体系和“社区学院、街道分校、社区工作站”三级社区教育网络体系，建立了动态运行机制，并根据组织人事的变化及时进行相应的调整和补充，确保市、县、社区教育工作领导机构常设常新。

镇江市不断加强社区教育的组织领导，各辖市区将社区教育纳入区域经济社会发展总体规划，进一步明确以社区教育工作委员会为载体的“两级政府、三级管理”的管理体制。“两级政府”即市及辖内政府分级统筹管理；“三级管理”即镇江开放大学理事会（由市各相关部委、办、局的分管领导担任理事）、理事会例会制度、社区教育部门工作联席会议制度，特别是依托镇江开放大学成立镇江市社会教育服务指导中心，加大了开放大学对社区教育工作的统筹协调力度。

全省各市的社区教育管理机构进一步完善。2017—2019年，苏州、扬州、淮安、镇江四市均依托市级开放大学成立社会教育服务指导中心，配合教育行政主管部门，统筹、协调、指导全市社区教育工作。截至2019年底，全省13个地级市中已有8个市成立了“社会教育服务指导中心”，部分县（区）教育行政部门还依托县（区）开放大学成立县（市）、区级社会教育服务指导中心。各级社会教育服务指导中心按照区域社区教育发展需求，不断强化开放大学的领军作用，充分运用专业、人才、资源、平台等优势，整合利用各类资源，开展各种形式的社区教育活动。

江苏开放大学、江苏省社会教育服务指导中心基于“以人为本”的思想和以“终端取胜”的理念，倡导并实施推进建设江苏“5+N”的社区教育体系。在纵向上夯实五级社区教育网络体系的同时，在横向上拓展“终端”阵地，建设若干个社区教育基地，如体验基地、游学基地、“名师工作室”、“学习苑”、学习联盟、学习圈等，从而形成纵横交错的“蛛网式”社区教育网络，推动社区教育的体系逐步走向完善。

二、加强制度保障，完善运行机制

在大力开展社区教育，加快完善终身教育体系，建设学习型城市的进程中，各地政府及相关职能部门加强法规制度建设，努力形成配套、规范的管理制度，为社区教育工作的开展营造良好的政策环境。

各地立足终身教育制度化建设，先后开展了终身教育、终身学习的立法研究。2017 年，江苏开放大学承担了省教育厅第六批“教育改革发展战略性与政策性研究”课题——《江苏省终身教育促进条例》立法研究，立足当前相关立法研究现状，采用文献研究、历史研究和比较研究等方法，融合教育学、法学以及社会学等学科，将终身教育相关立法问题推进到本地法律实践层面，提出开展针对《江苏省终身学习促进条例》的地方立法实践的建议。苏州市在全省最早启动了终身教育立法研究工作。2019 年 3 月，苏州市人大常委会法工委联合教科文卫工委对《苏州市终身教育促进条例》的法规论证、起草工作进展情况进行了调研。截至 2019 年，《苏州市终身教育促进条例》初稿已经完成，将从法规层面进一步完善苏州学习型城市建设的顶层架构。“南京市终身教育立法研究”作为南京市社会教育“十三五”重大课题，已启动研究，将为南京市终身教育立法工作提供理论支撑。

江苏开放大学、江苏省社会教育服务指导中心围绕“项目化”推进、规范化建设的目标，进一步完善社会教育制度建设，连续出台一系列文件，如《关于加强和完善社会教育服务能力建设的指导意见》《关于合作推进社会教育“南北联手、东西对接”的实施意见》《江苏开放大学“学习苑”建设指导性方案》《江苏开放大学 江苏省社会教育服务指导中心关于“养教联动”基地建设的的指导意见》《江苏开放大学 江苏省社会教育服务指导中心关于“游学”项目建设的指导意见》《江苏省社会教育规划课题管理办法》《〈江苏社会教育〉（杂志）编辑出版章程（修订）》《江苏开放大学 江苏省社会教育服务指导中心优秀成果推广制度》《江苏开放大学社会教育资源（课程）建设指南》等，大力推进社区教育工作科学化进程，为社区教育发展提供制度保障。

在全省各地出台的相关制度中，针对社区教育实际和发展需要，建立标准，制订规划，出台办法，为社区教育内涵深化和规范化发展提供了支撑。2017—2019 年，常州市教育局出台《常州市示范性社区学习共同体认定标准》《常州市金坛区街镇社区教育工作督导评估与考核细则（基础类）》等。镇江市京口区出台《京口区社区培训师资队伍管理考核办法》，丹徒区出台《丹徒区 2019 年社会教育工作意见》等文件，为区域社区教育发展提供政策保障，为全省各地提供了可以借鉴的经验。

第二节　组织形态

依据“政府统筹领导，教育部门主管，有关部门配合，社会积极支持，社区自主活动，群众广泛参与”的管理思想，江苏各地社区教育机构更加趋于完善，社会资源整合更加有力，区域特色更加明显，项目拉动更加有效。

一、社区教育机构更加完善

《江苏省教育厅等部门关于加快发展社区教育的实施意见》明确要求，到 2020 年，全省 80%的县（市、区）达到省级社区教育示范区建设标准，实现标准化社区教育机构全覆盖，确保全国社区教育示范区、实验区建设水平走在全国前列。

抓基础建设、提升基层社区教育能力是江苏社区教育完善五级体系的重要抓手。江苏省教育厅每年组织评审省级社区教育示范区和省级标准化社区教育中心，通过“以评促建”有效推动了社区教育机构的标准化、规范化建设，夯实了社区教育的基础。截至 2019 年 10 月，全省建有全国社区教育示范区 13 个、实验区 19 个，建有各级开放大学 73 所、老年大学 8 792 所，建有社区学院 103 所、社区教育中心 1 161 所、居民学校上万所。省级社区教育示范区三年新增 18 个(2017 年新增 8 个,2018 年新增 5 个,2019 年新增 5 个);标准化社区教育中心三年新增 340 个(2017 年新增 163 个,2018 年新增 108 个,2019 年新增 69 个),基本实现省域内全覆盖。

南京市自启动"南京市规范化社区学院"建设以来,所有辖区内均建立社区学院。玄武区、秦淮区、鼓楼区、雨花区等依托区开放大学成立区社区学院,建邺区、栖霞区、江宁区、六合区、浦口区、溧水区、高淳区依托区开放大学和区中等职业学校成立社区学院,化工园区依托南京科技职业学院建立"南京化学工业园区社区学院"。同时,南京启动市级"高标准社区中心"建设,17 家市级高标准街道社区教育中心投入建设,10 家市级高标准街道社区中心申请建设,街道社区教育中心覆盖率达 100%。

苏州市共有开放大学 7 所、社区培训学院 9 所、乡镇(街道)社区教育中心 112 个、村(居)市民学校 2 107 所,全市社区教育覆盖率达 100%。已建成国家级社区教育示范区 3 个,国家级社区教育实验区 1 个,省级社区教育示范区 4 个,省级社区教育实验区 4 个,省社区教育示范乡镇(街道)85 个,省标准化居民学校 1 038 所。

无锡市建有国家级社区教育示范区 2 个、国家级社区教育实验区 2 个、省级社区教育示范区 3 个、省级社区教育实验区 1 个、市级教育现代化示范性居民学校 5 个,全市社区教育覆盖率达 100%。

镇江市有 6 个辖区建立标准化社区学院(丹阳市 2015 年成立开放大学后,撤销原丹阳市社区培训学院,将原社区培训学院的职能划入丹阳开放大学)。丹阳市、句容市、丹徒区、扬中市等 4 个辖市区在原有广播电视大学办学系统的基础上,整合相关社会教育资源,组建县级开放大学。除了句容开放大学和社区学院各自分开,其他市(区)开放大学和社区学院合为一体。镇江市创建全国社区教育示范区 1 个(京口区)、全国社区教育实验区 3 个(扬中市、京口区、润州区)、江苏省社区教育示范区 7 个,建成江苏省标准化社区教育中心 60 个,实现社区教育省级示范区、省级标准化社区教育中心 100%全覆盖,建成标准化居民学校 655 所,覆盖率达到 88. 75%。

扬州市建立 2 个国家级社区教育实验区、5 个省级社区教育示范区和 69 个省级标准化社区教育中心,实现全市社区教育中心全覆盖。

南通市创建国家级社区教育实验区2个、国家级农村职业教育和成人教育示范县2个、全国社区教育示范乡镇17个、联合国教科文组织农村居民学习中心1个、省级社区教育示范区8个、实验区7个,省级农村职业教育和成人教育示范县2个、省社区教育示范乡镇(街道)8个、省级社区学院7所、省级农科教结合示范基地18个(其中省服务“三农”高水平示范基地2个)、省级高水平农科教结合富民示范基地4个、省标准化社区教育中心96个、省级标准化居民学校486所。

宿迁市建成社区学院5家、社区教育中心114家(省级标准化社区教育中心49家)、社区居民学校1 442所(省级社区居民学校153所)、省级社区教育示范区2个、省级高水平农科教结合富民示范基地2个。

为了更好地促进全省社区教育供给侧改革,弥补社区教育短板,推进社区教育机构建设,2017年3月,江苏开放大学与江都区政府合作共建全国首家社区教育管理学院。社区教育管理学院作为江苏开放大学的“特色学院”,以政府引导为基础、市场机制为补充,采用“理论指导、实践探索、混合教学、互动交流”的人才培养机制,通过线上线下相结合的混合式教学模式,面向省内外社区教育管理人员和教师,开展不定期专业化培训,不断拓展社区教育服务领域。

二、 社会资源整合更加有力

江苏各地根据辖区内社会资源的具体情况,引入合作机制,将各类社会力量如相关企事业单位、民办非学历教育机构、社会团体等作为教育资源,有机纳入社区教育发展规划,推动教育资源供给侧改革。

2018年,江苏省社会教育服务指导中心下发《关于开展江苏省社会教育学习体验基地创建工作的通知》,旨在促进社会优质公共教育资源和社区教育的融合,创新居民学习路径和学习供给,特别要求充分整合、利用非教育部门主管的各类资源服务于社区教育、老年教育、青少年教育等。此举有效地激发了社会活力,鼓励社会力量、社会组织参与建设社会教育,建立跨部门合作机制,把社会资源转化为居民的教育和学习资源。2018年,全省评选出首批“江苏省社会教育学习体验基地”22 家。

在“江苏学习在线”平台的引领与推动下，全省各市积极开展数字化平台建设。截至 2019 年 10 月，“江苏学习在线”与 28 家网站组建联盟网站，形成省、市、县、乡四级社区教育线上网络体系，为全省构建学习型社会提供了数字化学习的支持与服务。

全省各地在推动社区教育发展实践中，注重加强辖区内教育资源的整合，努力提升为辖区居民学习服务的能力。各地充分利用当地图书馆、博物馆、文化馆、青少年宫等校外教育资源，通过全民终身学习活动周、市民读书节、市民大讲堂等学习活动，不断拓展社区教育的功能，构建市民终身学习圈。

南京、连云港等市有效整合辖区学校资源、社会资源，推进社区教育建设。南京市玄武区成立社区教育文化场馆合作联盟，充分发挥文博场馆的文化辐射作用，让区域内优质文化教育资源集约共享。连云港将城区体育公园、文化艺术中心、图书馆、博物馆、档案馆、规划馆等资源向社会全面开放，实现全市社区教育资源共有、共享。

常州市将市属八所高等院校纳入社区教育高校支持联盟，组织开发近千门社区教育面授课程，积极实施送教进社区活动。

扬州市邗江区借助高校资源为城镇从业人员开展知识提升教育，联合相关科研单位开展乡村振兴科普惠农、兴村实践研究，依托中小学家长开展“新家庭”系列教育，积极开展新型职业农民教育培训。

苏州社区教育将四级网络主体与社会资源、社会力量高度融合，盘活转化优质教育资源，以满足市民多元化、个性化学习需求，形成“项目化纵向贯穿、多主体横向协作、多方融合”的教育资源整合模式。

三、 教育覆盖面更加全面

江苏省全省地域差异明显，各地具有明显的区域特色。为满足社区居民的不同需求，各地社区教育提供了具有当地特色的教育服务，既有促进社会经济发展的“三农服务”，也有满足社区各类群体基本需求的素质教育，还有为特定人群职业发展提供的技能培训……社区教育的针对性更强、覆盖面更加全面。

青少年校外综合实践活动是对校内教育的补充和延伸，也是促进青少年成长、发展的重要措施。泰州市省级社区教育立项品牌建设项目“野徐镇青少年校外综合实践活动项目”，以“公益办活动、服务青少年”为宗旨，积极倡导和树立“快乐、体验、实践、成长”的理念，探索出一条“政府搭台主导、社区教育机构统筹管理、中小学助力参与、社会互动监督”的青少年校外综合实践活动运行模式。

南京市江宁区东山街道社区教育中心实施“母亲素养”工程，创建“东山母亲学吧”，通过家庭素养主题教育，帮助母亲们树立正确的家庭教育理念，掌握科学教子方法，将“自然母亲”培养为“合格母亲”。“东山母亲学吧”自成立以来，通过讲座、课堂、面授、网络、交流、现身教育等多种形式，举办168场次各类培训和讲座活动，培训年轻母亲2.9万人次、单亲母亲和无经济来源母亲（弱势母亲）1.9万人次、新市民母亲1.5万人次、老年母亲1.5万人次。《半月谈》《南京日报》《中国农村教育报》等报刊先后对“东山母亲学吧”予以专题报道。

2017年3月，江苏开放大学、武进开放大学与金东方颐养中心三方联合共建“养教联动”示范基地，打造和培育“养教联动·银光课堂”品牌项目，将老年教育从学校延伸到养老机构、养老社区和居民身边，构建适合老年人群生活、学习的一体化生态学习圈。“养教联动·银光课堂”以服务老年居民终身学习为宗旨，以提高老年居民幸福指数为目标，通过两年多的探索与实践，品牌引领示范效应逐步扩大，由点及面辐射周边社区乃至整个江苏，社会影响力日益提升，被人民网、新华网、中国江苏网、《消费日报》等多家媒体相继报道。

扬州市开展社区教育富民行动“五个一批”创建工作，即创建“一批标准化社区老年学习苑、一批青少年校外辅导培训品牌项目、一批新型职业农民培训示范基地、一批特色社区家长学校、一批优秀社区学习共同体”，把服务面覆盖到终身教育全体系。截至2019年，扬州全市已有25家“五个一批”示范基地立项建设，开办51个高等教育学历班，近4 000名农民在家门口接受高等教育，开展涉外劳务培训 3 000 余人次、各类农民劳动力转移培训 6 万人次、各类现代农业生产知识和实用技术培训 23 万人次。

“睢宁县万人电子商务培训”是 2014 年起徐州市睢宁县人民政府开始实施的一项长期惠民政策。2008 年以来，以沙集镇东风村为代表的沙集农民，在网上开淘宝店，制作农具销售，产业规模持续扩大。沙集镇被商务部命名为“新时代的小岗村”、乡村振兴的“沙集模式”。在电商产业发展过程中，睢宁开放大学积极参与了“万人电商培训”，通过“电商培训+乡村振兴”“电商培训+党建”“电商培训+户外拓展”等方式，培养了一批农村电子商务人才，形成“电商产业”模式。2018 年，全县电子商务交易额实现 300 亿元，网络零售额突破 250 亿，新增网点 3 000 家，网点总数达到 4.5 万家，新培育省级电子商务示范村 3 个，新建电商产业园及电商物流园区 9 个，电子商务带动就业人数超过 21 万，为学习型乡村建设提供了经验。

根据江苏省教育厅、省农委《关于创建江苏省教育服务“三农”高水平示范基地的通知》、省教育厅办公室《关于做好 2017 年江苏省教育服务“三农”高水平示范基地申报工作的通知》精神要求，江苏每年开展教育服务“三农”高水平示范基地建设，2017 年评选出 19 家，2018 年评选出 20 家，2019 年评选出 21 家。各地充分发挥“基地”的教育培训作用，以培育新型职业农民为重点，坚持绿色协调可持续发展，发挥示范引领辐射带动作用，为美丽乡村建设做出了重要贡献。

四、项目拉动更加有力

全省各地区积极开展社区教育品牌项目建设，重点打造社区教育品牌项目，坚持实施项目品牌化战略，为推动社区教育创新发展、提升社区教育内涵提供成功经验。

江苏省社会教育服务指导中心以“项目化”方式，积极组织全省各地实施“项目化”社区教育。2017—2019 年，省社会教育服务指导中心在全省范围内新设 11 个“寓学于游、寓教于乐”的体验式省级游学基地；新建 90 余家以“名人、名师、名效应”为热点与支撑的省级“名师工作室”；新立 22 个以

“拓展途径、增加资源、丰富内容、创新形式”为标准的社会教育学习体验基地；新建130家以“帮助老年人掌握电脑上网技能，丰富老年人的精神文化生活”为需求导向的“江苏学习在线夕阳红扶老上网工程”省级联系点；连续三年组织全省开展社区教育书法、摄影、歌咏大赛，融教育、体验、成果展示为一体，产生了较大的社会影响力。

南京市积极创新社区教育开展方式，建设各类实验项目，扩大和提高社区教育的覆盖面和参与度，推进社区教育深度发展。各辖区明确项目实验主题，创新项目内容。20个市级社区教育实验项目进入实验阶段，丰富并深化社区教育内涵，探索社区教育品质发展新途径。

常州开放大学开展一系列社区教育品牌项目建设，如社区教育特色项目工作室、常州社区大讲堂、与市妇联合作开展的“科学家教社区行”等，这些项目有力推动社区教育特色发展。各级各类社区教育机构通过多种形式，组织开展形式多样的学习活动，促进居民终身学习。武进区礼嘉镇社区教育中心会同南京农业大学、镇农技农机站，联合农业企业，合作成立“职业农民培训中心”，围绕葡萄和水蜜桃高水平种植，开展新型职业农民系列培训项目。天宁区红梅街道倾力打造“家文化”品牌，建成符合居民生活需求的学习项目。

南通市社区教育服务指导中心与团委联合开展“万名青年志愿者进社区”活动；与市宣传部、市老干部局、市教育局、市文广新局等部门联合举办社区教育艺术节及“全民阅读进社区”等活动；与崇川司法局联合打造“阳光教育学院”，开展社区矫正教育项目；与市委宣传部、文广新局、文联合作“乡村记忆——南通乡村影像志”文化工程。

苏州张家港市积极探索依托社会组织开展社区教育惠民项目，全市仅2019年通过项目招标方式设立的项目就有137项，内容涉及青少年成长、家庭教育、老年教育、文化传承、环境保护、社区建设、职工技能提升等方面，并依托数字化平台实施动态管理，委托第三方进行考核评价，为社区教育质量评估及大数据分析提供了有益的尝试。

第二章

江苏省社区教育经费投入

《教育部等九部门关于进一步推进社区教育发展的意见》指出，全国各地区要不断完善政府投入、社会企业捐赠、学习者本人合理分担等多种渠道筹措经费的社区教育投入机制，不断拓宽社区教育经费来源渠道，加大对社区教育的支持力度，积极探索政府购买、项目外包、委托管理等形式，逐步形成行业化、专业性社会组织和民办社会工作服务机构参与社区教育服务的局面。江苏各地继续全面推进和深入开展社区教育工作，完善多渠道筹措社区教育经费的体制，加大社区教育经费投入，完善经费管理制度，加强经费管理监督考核，促进社区教育稳步发展。

第一节　经费投入

江苏省教育厅等十一部门联合发布的《江苏省教育厅等部门关于加快发展社区教育的实施意见》要求，建立健全政府投入、社会参与、学习者合理分担等多种渠道筹措经费的社区教育投入机制，加大对社区教育的支持力度，不断拓宽社区教育经费来源渠道。该《意见》明确提出："各地要把社区教育经费纳入本级财政教育经费预算，县（市、区）财政按常住人口每年人均不低于 4 元的标准安排社区教育经费，现行标准高于 4 元的地区仍按现行标准执行，并根据实际情况逐步增长。"

2017—2019 年，江苏各地积极落实国家、省政府关于社区教育经费投入要求，将社区教育纳入地区整体规划，列入经常性财政开支，及时扩充社会筹措能力，拓宽社会捐赠等渠道，丰富社区教育经费来源，以保障社区教育经费支持，基本形成了“政府财政拨一点、街道贴一点、社会筹一点、单位出一点、个人拿一点”的社区教育经费保障机制。

一、经费来源渠道

江苏各地将社区教育经费纳入当地政府财政规划，在保证社区教育经费专款专用的同时，进一步拓宽了社区教育经费来源渠道，改变了过去单一依靠政府按人均投入的情况，形成人均经费与项目专项资金结合的新格局。

南京社区教育经费来源的主要渠道有财政划拨、以奖代拨、省级创建项目专项拨款等。一些乡镇（街道）政府给予配套经费或专项经费用于发展社区教育事业。

苏州市和南通市形成“政府财政拨款为主、社会筹一点、单位出一点、个人拿一点”的多渠道经费投入的成本分担机制。地方政府将社区教育事业的基础设施建设纳入社区建设整体规划，列入经常性财政开支。一些社区和辖区企事业单位、社会组织、机构等探索各种合作共建形式，拓宽社区教育经费来源渠道。

无锡市各区县着力构建以政府拨款为主导、社会筹措捐赠为补充，投入主体多元化、投入来源多渠道的社区教育经费保障长效机制。江阴市政府拨付专项经费，适当补助一些全市性的重大活动或培训，对下岗职工培训、农村劳动力转移培训等实行免费教育政策。宜兴市对社区教育经费实行市、镇两级政府财政保障制度，每年纳入财政预算，将社区教育经费列入财政支出范围，足额拨付专项经费。

常州市社区教育经费筹措机制进一步完善，由原来“各级政府拨一点，项目创建奖一点，社会赞助筹一点”的经费筹措机制向“各级政府拨一点，部门单位出一点，项目创建奖一点，社会力量筹一点”的经费筹措机制转变升级。

镇江市政府明确要求各辖区政府把社区教育发展经费纳入本级财政教育经费预算，建立政府投入为主、社会投入和个人分担为辅的经费保障机制。各辖区财政部门以常住人口为基数，将城镇和农村人均继续教育经费以分别不低于可支配收入和纯收入的万分之0.3列入年度财政预算。

宿迁市社区教育经费筹措渠道主要是财政投入和专项投入等政府拨款。泗洪县通过设立社区教育基金等方式，鼓励自然人、法人或其他社会组织支持社区教育。

二、经费投入类型

目前，江苏社区教育经费的投入主要由地方财政投入、其他专项经费投入、社会募集以及开放大学投入等形式构成。地方财政投入依然是社区教育经费的主要来源，保障社区教育事业发展，同时各地逐渐优化“项目化”专项资金投入方式，精准投入、规范使用，经费使用的效率和效益得以明显提升。募集社会资金也是社区教育经费来源渠道之一，但社会各界对社区教育的认知度不高，致使社会资金募集总体水平不高。开放大学作为推动社区教育发展的重要力量，其专项经费投入已成为社区教育经费的来源之一。

（一）地方财政投入

地方财政投入依然是社区教育经费的主要来源。

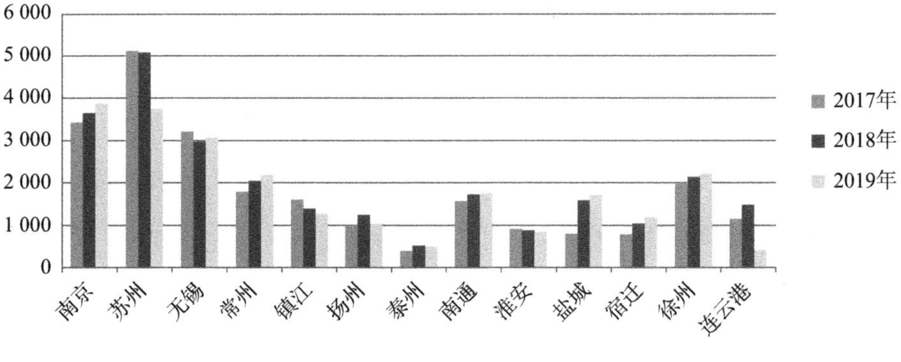

图2-1 江苏省地方财政在社区教育中的投入情况（单位：万元）

从图2-1中可以看出，2017年、2018年两年，南京、常州、扬州、泰州、南通、盐城、宿迁、徐州、连云港等地的地方财政投入稳中有升，其中盐城增幅较大；苏州、无锡、镇江、淮安等地的投入略有下降。总体而言，南京、苏州、无锡每年投入基本达到或超过 3 000 万元，常州、南通、徐州每年投入超过 1 500 万元，镇江、扬州、盐城、宿迁、连云港每年投入超过 1 000 万元，淮安每年投入接近 900 万元，泰州每年投入大约 500 万元。苏南地区经济发展较为发达，地方政府较为重视，所以地方财政投入均较多。

根据图 2－1 数据显示，2019 年，南京、常州、南通、盐城、宿迁、徐州投入保持继续增长，苏州、镇江、扬州、泰州、淮安、连云港投入有所下降，其中苏州、连云港投入降幅较大。

（二）总经费投入

社区教育总经费投入包括地方财政投入、开放大学经费投入、其他专项经费投入、社会募集经费等部分。

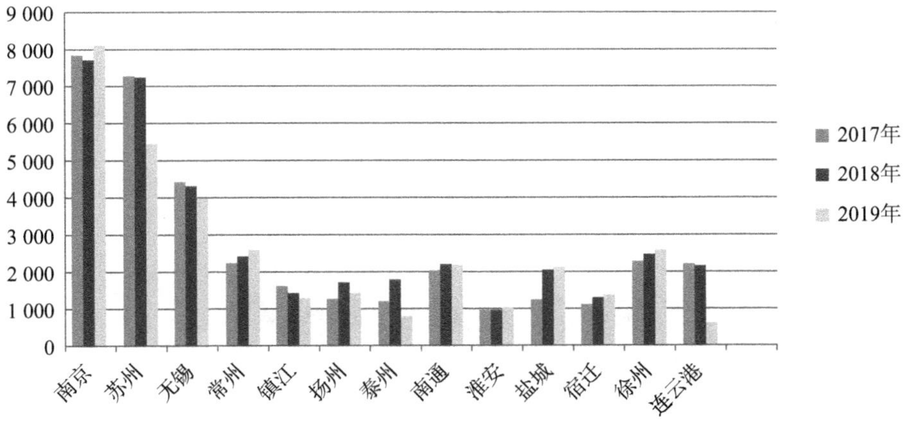

图 2－2　2017—2019 年江苏省社区教育总经费投入（单位：万元）

表 2－1　江苏省各地 2017—2019 年对社区教育总经费投入（单位：万元）

	南京	苏州	无锡	常州	镇江	扬州	泰州	南通	淮安	盐城	宿迁	徐州	连云港
2017 年	7836.40	7270.53	4407.74	2222.46	2340.26	1241.63	1194.83	2021.50	959.93	1252.94	1109.48	2282.89	2195.86
2018 年	7729.00	7238.00	4314.19	2409.88	2076.01	1707.07	1776.71	2199.96	934.32	2041.63	1267.88	2483.89	2142.81
2019 年	8129.38	5451.16	3961.85	2383.10	1636.70	1402.94	782.43	2180.35	1003.48	2120.32	1377.97	2586.15	586.05
合计	23694.78	19959.69	12683.78	7015.44	6052.97	4351.64	3753.97	6401.81	2897.73	5414.89	3755.33	7352.93	4924.72

从图 2－2、表 2－1 中可以看到，2017—2018 年，常州、扬州、泰州、南通、

盐城、宿迁、徐州对社区教育的总投入稳中有升，南京、苏州、无锡、镇江、淮安、连云港投入稳中略降。2019 年较 2018 年，南京、常州、淮安、盐城、宿迁、徐州投入增加，苏州、无锡、镇江、扬州、泰州、南通、连云港投入下降。由上述数据可以看出，各地对社区教育的投入中，苏南地区的总经费投入数值较多，苏中、苏北地区投入相对较少。南京投入最多，年均投入均超过 7 500 万元，三年累计投入超过 2 亿元，2019 年已率先突破 8 000 万元大关；淮安投入相对较少，年均投入 1 000 万元左右，三年累计尚不足 3 000 万元。

（三）开放大学经费投入

开放大学作为社区教育的重要力量，每年投入一定的经费用于社区教育事业发展，以保障在社区教育中发挥引领作用。

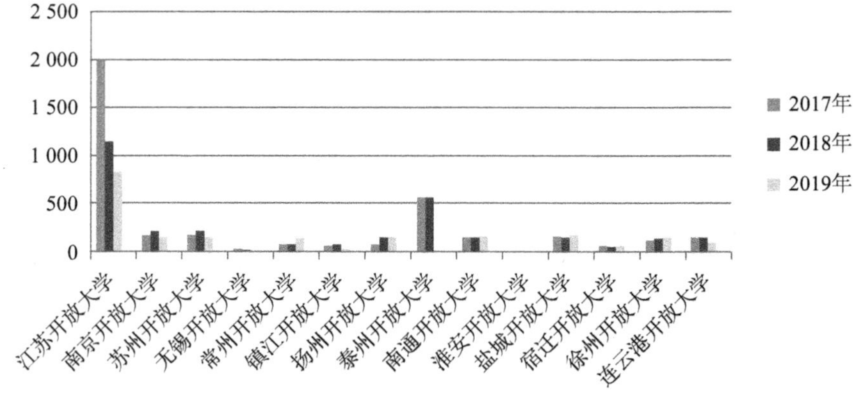

图 2－3　开放大学对社区教育经费投入（单位：万元）

从图 2－3 中可以看出，2017—2018 年，江苏开放大学、无锡开放大学、盐城开放大学、宿迁开放大学、连云港开放大学投入稳中有降，南京开放大学、苏州开放大学、镇江开放大学、扬州开放大学、徐州开放大学投入稳中有升，常州开放大学、泰州开放大学、南通开放大学、连云港开放大学投入基本持平。2019 年，据不完全统计，常州开放大学、扬州开放大学、南通开放大学、盐城开放大学、宿迁开放大学、徐州开放大学投入较前一年有所增加，江苏开放大学、南京开放大学、苏州开放大学、无锡开放大学、镇江开放大学、泰州开放大学、连云港开放大学投入均有所下降。三年的数据对比显示，淮安开放大学每年投入经费为0,说明学校内部尚未形成社区教育经费保障制度。

（四）人均财政经费投入

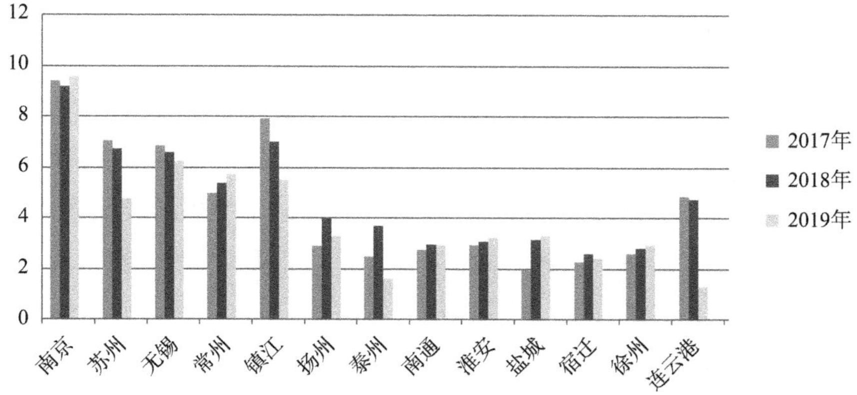

图2-4　江苏省社区教育人均财政经费投入（单位：元）

按照《江苏省教育厅等部门关于加快发展社区教育的实施意见》的要求,江苏各地县(市、区)财政按常住人口每年人均不低于4元的标准安排社区教育经费。从图2-4中可以看出,截至2019年,财政拨款已达到人均4元的有南京、苏州、无锡、常州、镇江,未达到人均4元的有扬州、泰州、南通、淮安、盐城、宿迁、徐州、连云港。

（五）人均总经费投入

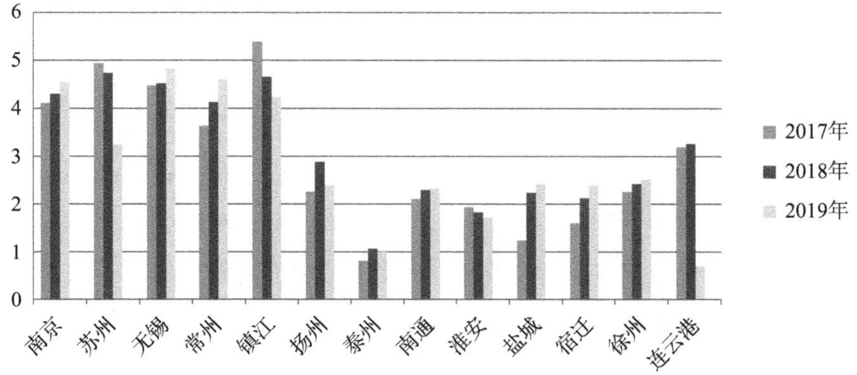

图2-5　江苏省社区教育人均总经费投入（单位：元）

从图 2 - 5 中可以看出，在人均总经费投入上，2017—2018 年，达到人均 4 元标准的依然是南京、苏州、无锡、常州、镇江。截至 2019 年 10 月，尚未达到人均 4 元的有扬州、泰州、南通、盐城、淮安、宿迁、徐州、连云港。

总体而言，主要依靠政府投入，致使社区教育经费投入的渠道过于狭窄和单一，相对于社区教育的巨大需求和不断扩大的规模，单靠政府投入已难以满足社区教育快速发展和社区居民的庞大需求，需要建立新的资源筹措渠道，推动社区教育供给侧改革。各市通过设立其他专项经费和募集社会资金的方式，努力拓展社区教育经费来源渠道。在其他专项经费投入上，南京每年投入超过 3 000 万元，苏州每年投入超过 1 000 万元，常州、镇江、扬州、泰州、南通、盐城、宿迁、连云港、徐州每年投入 100 万元以上。在募集社会资金上，苏州和盐城每年募集 100 万元以上，其他地区每年募集几十万元不等。

第二节　经费管理

江苏各地社区教育经费用于社区标准化建设、社区教育活动、项目建设、队伍建设、课题研究、课程建设、奖励表彰等方面，为确保专项经费发挥作用并产生效益，各地在社区教育经费管理上进一步完善制度建设，实行专项专用，加强监督考核，注重绩效考评。

各地严格执行社区教育经费管理制度。一些地方政府出台社区教育经费管理办法，保障经费使用合法合规。南京市建立了“南京市财政项目绩效跟踪运行监控”制度，按年度编制社区教育专项经费预算，从项目经费申请、经费使用编制、经费划拨流程、使用绩效跟踪及评价后偏差的整改等环节进行监管，保证各级财政下拨的社区教育经费合理合规使用。

常州市金坛区出台《金坛区社区教育专项经费使用管理办法》，全面审计社区教育经费绩效情况。

无锡市社区教育专项经费实行专项专用、专项管理。滨湖区出台《关于下发非义务教育学校经费预算支出定额的通知》，要求辖区内社区教育学院的各项经费收支严格执行国家财务工作的有关规定，督察财政所划拨到街道社区教育中心的社区教育经费的使用情况，指导各街道合理使用社区教育经费。惠山区对其下属的各社会教育中心开展青少年校外培训所获的经费进行统一管理，主要用于社区教育中心基础设施建设和社区教育活动开展。

苏州市按照层级管理方式，由市教育局根据预算拨付到相关的区教育局、开放大学；区社区教育经费由区教育局拨付到区开放大学、乡镇（街道）社区中心；经费使用和管理由市（区）开放大学、社区教育中心根据社区教育专项经费使用规定及街道财政规定实行专项专用、专项管理。

连云港、常州市明确社区教育经费专项专用内容，经费用于基础设施建设、社区教育培训、奖项评比、课程建设、项目建设、课题研究、宣传推广等。

各地加强经费使用考核，注重审计绩效情况，加强绩效考评。如南京市教育局制订了社区教育经费使用管理绩效方案，各区制订社区教育经费管理方案，对下拨的专项资金进行管理，聘请第三方机构即会计事务所按年度对各区社区教育经费使用情况进行跟踪、检查。南通市从社区教育专项经费中划拨出一部分，专门用于年度考核评估，采取以奖代补的方式，最大限度发挥社区教育经费的使用效益。连云港、盐城市、宿迁市社区教育经费使用接受财政、审计、教育等部门的监督检查，教育部门年终对各社区教育经费投入、使用的绩效进行考评。盐城市教育局加强对社区教育经费的审计和监督，确保社区教育经费拨付后使用规范有序。宿迁市教育局对全市社区教育工作实行年度目标责任考核奖励制度，聘请会计事务所作为第三方机构，对社区教育经费使用情况进行检查。淮安市各区县制订社区教育经费管理细则，加强审计部门对经费使用的考核。

社区教育经费的使用效益直接关系到社区教育的可持续发展。社区教育的经费主要用于社区教育机构的硬件设施建设、品牌项目建设、课程资源建设，教师、管理人员以及志愿者队伍培训、社区教育研究，以及奖励表彰、宣传工作等方面。因此，社区教育的经费绩效主要体现在其社会效益上。

近些年，江苏各地、各级社区教育在相关经费的支持下，建设了一批国家级、省级社区教育示范区、标准化社区教育中心、教育服务“三农”高水平示范基地，以及学习苑、游学基地、体验基地、名师工作室等。各市同样注重将经费投向高水平居民学校建设、社区教育项目开展等方面，越来越呈现出由硬件建设转向内涵建设的趋向。各级各类社区教育机构打造了一批社区教育品牌项目，举办了系列社区教育教学活动，建设了一批内容丰富、特色鲜明的数字化学习资源，组建了一支以专职人员为骨干的社区教育队伍，获得了一批反映社区教育发展成就的成果。应该说，社区教育经费投入有力保障了社区教育发展，打造了一批具有社会影响力和公众认可度高的社区教育特色品牌，提高了社区居民的参与度和认可度，扩大了社区教育的影响力和辐射度。

进一步提高社区教育经费的使用效益，需要逐渐完善项目化管理，逐步探索教育资源的共享机制，不断建立健全社区教育综合绩效评估和经费绩效评价机制，使社区教育经费更有效地用于社区居民的学习。

第三章

江苏省社区教育队伍建设

江苏省坚持把加强社区教育工作者队伍建设、不断推动队伍专业化,作为推进社区教育深入发展的重点工作来抓。根据江苏省教育厅等十一部门联合发布的《江苏省教育厅等部门关于加快发展社区教育的实施意见》关于“社区教育要加强三支队伍建设,加快培养结构合理、素质优良、精通业务、专兼结合的社区教育工作队伍,进一步加强社区教育机构专职管理人员建设,建设一支专兼结合的社区教育教师队伍,建立一支素质较高、相对稳定的社区教育志愿者队伍”的要求,以及2018年江苏省教育厅发布的《加快发展江苏教育老年行动计划(2018—2020)》中对老年教育队伍建设计划的要求,各地教育行政主管部门和各级社区教育机构不断提高社区教育工作者专业化水平,建立起了一支以专职人员为骨干、兼职人员和志愿者为补充的社区教育工作队伍。

第一节　教育供给主体

江苏社区教育的供给主体,主要由政府各相关部门、开放大学、社区大学、社区教育中心、职业院校、技工学校、老年大学、中小学校、部分高等院校、企事业单位、社会团体组织等组成。

江苏省社会教育服务指导中心根据《江苏省教育厅等部门关于加快发展社区教育的实施意见》的要求,连续多年在全省组织开展系列性的社区教育教师、管理人员培训,实行每五年一周期的教师、管理人员全员培训。培训主题涵盖了学习型城市建设、区域社区教育模式、开放大学转型与社区教育发展、社区教育课程建设、社区教育宣传工作、社区教育科研工作、学术论文写作等各种类型，体现了从以往侧重宏观的政策解读逐渐转向内涵提升的特点。

2018 年，江苏省社会指导服务中心依托“江苏学习在线”平台启动江苏省社会教育人员库建设，通过组建社会教育专兼职教师、社会教育志愿者、社会教育研究团队及兼职研究员等三个子库，汇聚全省人力资源，培养专业团队，做好社会教育人才储备，努力打造江苏乃至全国社会教育人才高地。苏州市积极开展市民学校校长培训，从 2017 年至 2019 年 8 月，共发起培训 14 期，培训人员 2 287 人次。2017 年，苏州各市区组织各类培训 247 期，培训人员 7 478 人次，投入培训经费 183. 6 万元。2018 年，苏州各市区组织各类培训 331 期，培训人员 20 595 人次，投入培训经费 95. 1 万元。连云港社区教育强化教师岗前法律法规和业务能力培训，解决教师培训经费等配套服务，定期组织各种专题培训。宿迁市制定了《宿迁市社区教育教师培训管理制度》，社区教育教师通过培训逐步提升业务水平和能力。

2017—2019 年，在各级教育行政主管部门的支持、指导下，全省各地不断发展和壮大社区教育的管理者、专兼职教师、志愿者三支队伍。南京、常州充分利用专家和名师资源，扩充工作队伍，组建成立社区教育专家顾问队伍、名师工作室队伍、社区教育专职管理干部队伍、社区教育专兼职教师队伍、社区教育志愿者队伍等五支队伍。在原有三支队伍的基础上，增加了专家顾问队伍和名师工作室队伍，突出了队伍建设中专家、教师的带头与引领作用，在社区规范化建设、专业化发展上发挥着重要作用。用社区教育名人名师工作室的方式来汇聚优质社区教师，充分发挥名人名师在社区教育中的示范辐射作用，是社区教育队伍建设的有效举措。

2017 年，江苏省社会教育指导服务中心发文，在全省范围内遴选成立省级社区教育名师工作室，进一步推动社区教育内涵发展，充分发挥名人名师在社会教育教学、研究中的示范、指导和辐射作用，促进社区教育模式创新和教师队伍的建设。截至 2019 年，全省已建有 101 家名师工作室，同时各地也建成一批市级社区教育名师工作室。

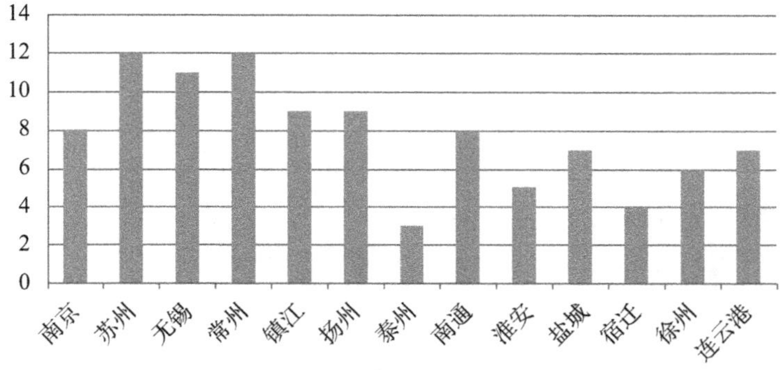

图 3－1　江苏省省级名师工作室数量（单位：家）

从图 3－1 中可以看到，苏南地区名师工作室建立数量较多，苏中、苏北地区相对较少，泰州的名师工作室数量最少。

第二节　管理者队伍建设

近年来，江苏各地进一步加强社区教育管理队伍建设，强化管理队伍学习培训，提高队伍管理能力，提升社会服务水平，逐步形成一支专兼结合的管理队伍。从表 3－1 中可以看出，根据 2019 年的数据统计，全省专职社区教育管理者达到 4 896 人，相比 2018 年的 4 691 人增加了 205 名。兼职管理者达到 10 859 人，相比 2018 年的 10 516 人增加 343 名。

表 3－1　2019 年江苏省社区教育管理者人数（单位：人）

	南京	苏州	无锡	常州	镇江	扬州	泰州	南通	淮安	盐城	宿迁	徐州	连云港	全省总计
专职管理者	478	637	856	214	179	131	169	216	283	195	313	1030	195	4896
兼职管理者	788	1941	881	650	576	410	315	1026	1344	210	1069	1410	239	10859

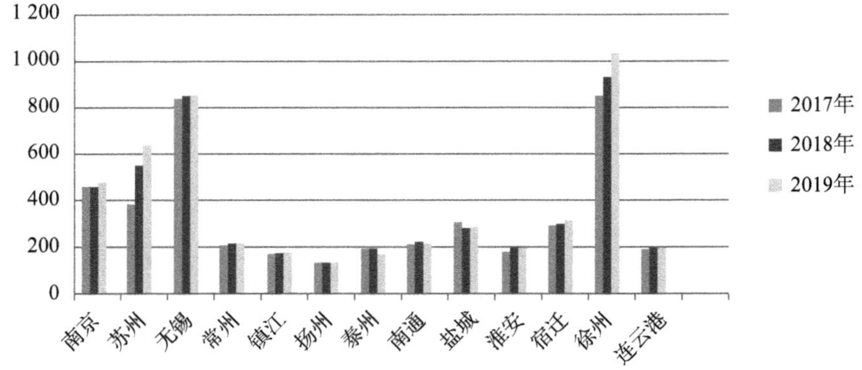

图 3－2　江苏省社区教育专职管理者人数（单位：人）

从图 3－2 中可以看到，2017—2018 年，南京、苏州、无锡、常州、镇江、扬州、南通、盐城、宿迁、徐州、连云港专职管理人员队伍规模稳中有升，泰州、淮安队伍规模有所下降。根据图 3－2 显示，2019 年，南京、苏州、无锡、常州、镇江、淮安、盐城、宿迁、徐州、连云港队伍规模有所上升，泰州、南通队伍规模略有所下降。

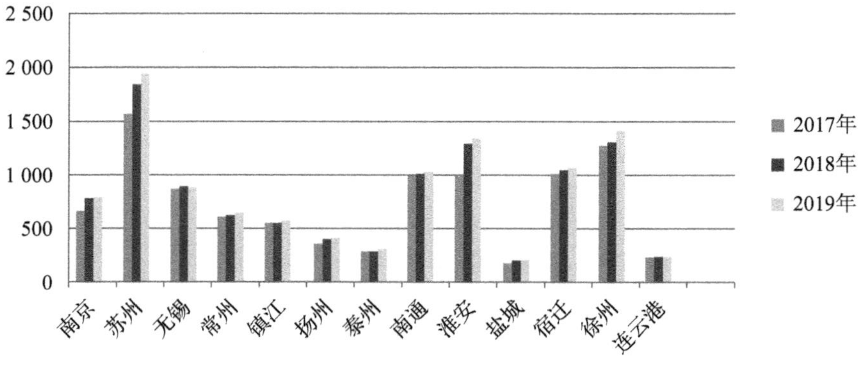

图 3－3　江苏省社区教育兼职管理者人数（单位：人）

从图 3－3 中可以看到，苏州、南通、盐城、宿迁、徐州等地的兼职管理者均超过 1 000 人。

南京市现有社区教育专职管理者队伍组成结构采用“X+Y” 模式，“X”

是指由教育系统专门安排的分布在市成人教育学会、市成人教研室、市社区大学、区社区培训学院、街道社区教育中心的专职管理人员。“Y”是指明确担负社区教育工作职责的社工，社工负责社区居民学校的教学管理工作，其工作成效由所在街道人社部门或民政部门聘用并进行管理考核。截至 2019 年 9 月，南京市社区教育专职管理人员配备比例“X”达常住人口（按 844 万人计算）的万分之 0.566；“X+Y”达常住人口万分之 2.29。

常州各辖区社区教育工作委员会每年召开工作会议，健全制度规范，研究部署全区社区教育工作，并通过不定期督查强化对社区教育的管理工作。截至 2019 年，常州各级社区教育有专职管理人员约 500 人、兼职管理人员 650 人。常州每年开展社区教育管理干部培训、高水平社区教育骨干培训、社区教育通讯员培训等。

镇江各辖区都有专人负责社区教育工作，各乡镇（街道）设有专职管理人员，注重职业化、专业化发展，共有专职管理人员 179 人、兼职管理人员 576 人。各辖区不定期组织专职管理人员进行学习，参加省级社区教育管理干部培训班、课题研究培训班，积极申报省级、市级社会教育课题。

扬州市社区教育管理者，在市区行政上由教育局主管，各县区由其教育部门下属的社区教育中心负责，现有专职管理人员 131 人、兼职管理人员 410 人。每个镇（街道）社区教育中心由政府分管领导担任校长，由区教育局配备专职副校长。村（居）社区学校由村（居）主要负责人具体负责社区学校的日常工作。社区教育管理人员主要负责社区教育组织与管理的专职工作人员。

淮安市各县区、乡镇（街道）和村（居）以及政府职能部门，都配备社区教育分管领导 1 人，作为社区教育兼职管理人员。县（区）教育局成立社区教育办公室，配备兼职管理人员；各镇（街道）社区教育中心设管理人员 1—2 人，做到社区教育管理分工到人，职责明确。乡镇（街道）社区教育部门从学校抽调人员配备到岗。全市社区教育专职管理人员 283 人，兼职管理人员 1 344 人。

连云港社区教育管理者坚持以培训为手段，以能力和业绩为主导原则，促进管理者队伍树立终身学习的理念，转变教育教学观念，更新专业知识结构，不断适应社区教育的发展要求。2017—2019 年三年期间，全市共组织近百人次到南京、上海等地参观、考察，积极参加国家、省级社区教育会议和各级各类培训班。截至 2019 年，全市专兼职管理人员达到 434 人，在承担专业干部培训、网站建设、课程开发、课题研究等任务中发挥了重要作用。

第三节　师资队伍建设

为满足社区居民多元化教育需求，江苏各地建立了一支以专职教师为骨干、兼职教师为主体的社区教育师资队伍。专兼职教师在师资总量上有所增长，队伍年龄结构有所优化，队伍学历层次有所提升。师资队伍加强培训力度，注重考核评价，健全培养机制。

表 3－2　2019 年江苏省社区教育教师人数（单位：人）

	南京	苏州	无锡	常州	镇江	扬州	泰州	南通	淮安	盐城	宿迁	徐州	连云港	全省总计
专职教师	742	689	2291	259	643	398	234	903	627	687	1476	1860	513	11322
占人口万分比	0.89	0.65	3.52	0.55	2.02	0.87	0.50	1.24	1.29	0.95	3.04	2.15	1.15	1.42
兼职教师	4881	5157	4131	2486	4286	5370	1756	6104	4549	5116	4797	5021	1292	54946
占人口万分比	5.85	4.86	6.36	5.29	13.48	11.67	3.78	8.36	9.34	7.09	9.89	5.79	2.89	6.89

根据表 3－2 可知，全省社区教育专职教师占常住人口万分比最高的地区是无锡，为万分之 3.52；最低的地区为泰州，仅为万分之 0.50。

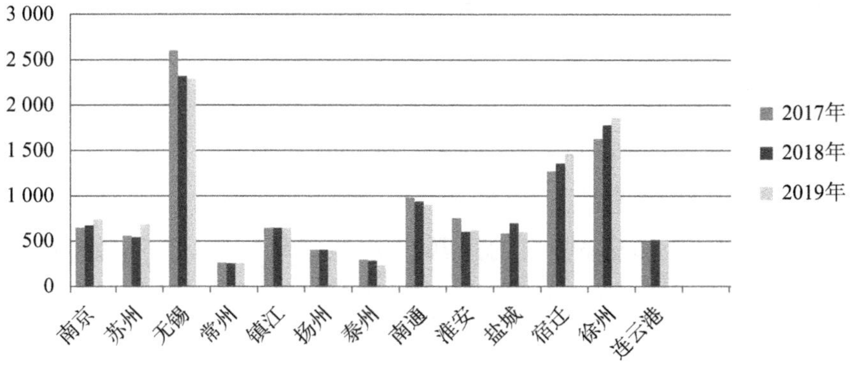

图 3－4　江苏省社区教育专职教师人数（单位：人）

据统计，全省共有社区教育专职教师 11 322 人。从图 3－4 中可以看到，无锡、宿迁、徐州三地的教师队伍总量较大，均超过 1 000 人。南京、苏州、宿迁、徐州三年均表现出增长的趋势。其他各地队伍人数除泰州外均保持基本稳定。

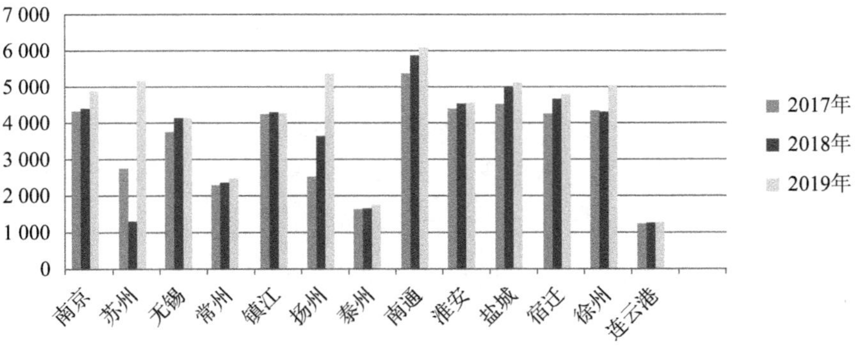

图 3－5　江苏省社区教育兼职教师人数（单位：人）

截至 2019 年 10 月，全省社区教育共有兼职教师 54 946 人。从图 3－5 中可以看出，2017—2018 年，南京、无锡、常州、镇江、扬州、泰州、南通、淮安、盐城、宿迁、连云港等地的兼职教师队伍规模稳中有升，苏州队伍规模则有明显下降。2019 年较 2018 年，各地兼职教师数量均有一定程度的增加，其中苏州、扬州队伍规模增幅较大。

相较于2015年和2016年，2017—2019年全省社区教育师资总量在增加，年龄结构有所优化，学历层次不断提升。截至2019年，南京在编专职教师本科及以上学历达10.78%，中级职称达34.10%，高级职称达24.66%。无锡宜兴市40岁以下教师达到58.1%；锡山区在编专职教师168人，其中30至40岁59人，30岁以下45人，本科以上学历125人。

为解决专职教师配备不足的问题，一些地区通过发展兼职教师队伍的方式予以弥补，来满足地区社区教育师资发展需求。如盐城组建包括中小学教师、农技站人员、村民学校负责人、技术专家在内的兼职教师队伍；镇江京口区充分吸纳辖区高校教师、能工巧匠、社会人士，组建了一支多元化的兼职教师队伍。

近年来，各地均把教师队伍建设作为推进社区教育工作的重要内容，把教师培训作为深化社区教育内涵的重要举措，不断健全培养机制。常州、连云港等市在社区教育师资管理中强化考核评价机制，将其作为师资管理机制的重要环节，通过社区教育先进集体和先进个人的评选表彰、社区教育名师工作室与特色项目工作室的创建，充分发挥考核评价对社区教育教师的激励作用，健全社区教育师资培养机制。

南通市完善社区教育专职教师职称评审制度，将专职教师选聘纳入教育部门师资规划，积极搭建教师学习平台，组织教研活动，明确教师发展方向，提升教师综合能力。

扬州市在社区教育师资管理方面，着重培养教师的合作交流能力和教师终身学习的意识与能力。每年定期对教师培训两次，使其成为社区居民终身学习的榜样。

宿迁市出台《宿迁市社区教育师资队伍建设实施方案》，对教师招聘、培训学习、课程开发、课题研究、交流互动有了明确的规范，促进了教师自身发展和师资的合理流动。

第四节　志愿者队伍建设

社区教育志愿者是社区教育的重要参与者，也是社区教育供给的重要力量。2017—2019 年全省社区教育志愿者在队伍来源上更加广泛，在服务内容上更加丰富，在机制建设上更加完善。

一、队伍来源广泛

江苏社区教育志愿者来自政府机关、企事业单位、各级开放大学、高等院校、社区大学（学院）、社区教育中心、居民学校、其他社会组织的专兼职教师、能工巧匠、非遗传承人等。社区教育志愿者来自社会各行各业，不仅很好地弥补了社区教育教师队伍的经验和人数的不足，还在很大程度上满足了社区教育多方面人才的需求。从表 3－3 中可以看到，全省社区教育志愿者已达 318 万人，约占全省人口的万分之 3.9。

表 3－3　2019 年江苏省社区教育志愿者人数（单位：万人）

	南京	苏州	无锡	常州	镇江	扬州	泰州	南通	淮安	盐城	宿迁	徐州	连云港	全省总计
志愿志	51.08	42.74	34.73	20.1	11.4	18.68	15.46	25.41	28.22	25.46	12.52	13.6	21.68	318.88
占人口万分比	6.1	3.9	5.2	4.2	3.5	4.1	3.1	3.5	5.7	3.1	2.5	1.5	4.8	3.9

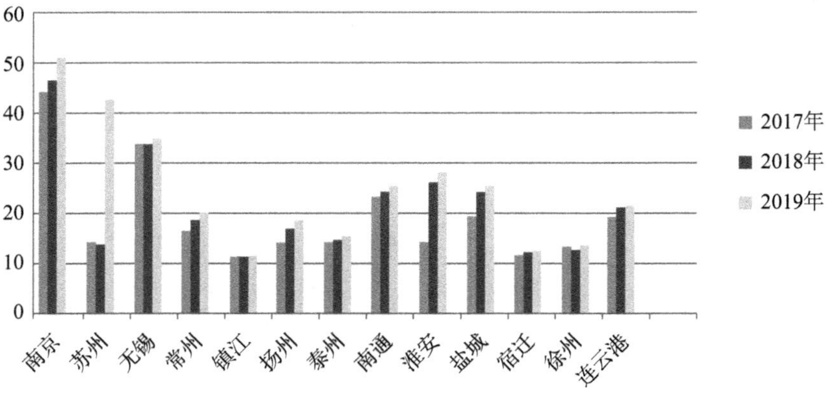

图 3-6 江苏省社区教育志愿者人数（单位：万人）

从图 3-6 中可以看到，2017—2018 年，南京、常州、扬州、泰州、南通、淮安、盐城、宿迁、连云港等地的社区教育志愿者队伍规模稳中有升，苏州、无锡、徐州等地的队伍规模稳中有降。2019 年与 2018 年相比，南京、苏州、无锡、常州、镇江、扬州、泰州、南通、淮安、盐城、宿迁、徐州、连云港等地的队伍规模均有所上升，其中苏州的志愿者队伍规模上升幅度较大。

常州市建立了一支 20 余万人的庞大社区教育志愿者队伍。溧阳市的许多社区充分发掘本地区文化、教育、艺术领域的名家、离退休干部，通过行业协会、民间团体不断扩大志愿者队伍，使社区专职、兼职、志愿者三支队伍的整体素质有了较大程度的提高，成为推动和服务社区教育的一支重要力量。

镇江市截至 2019 年共有社区教育志愿者 114 091 人，其中大学生 9 647 人，占志愿者总人数的 8.46%；中小学生 33 698 人，占总人数的 29.54%；教师 12 072 人，占总人数的 10.58%；机关事业单位工作人员 10 787 人，占总人数的 9.45%；企业职工 19 468 人，占总人数的 17.06%；退休人员 21 245 人，占总人数的 18.62%；其他人员 7 174 人，占总人数的 6.29%。

徐州市建立网上社区教育志愿者库，吸引更多社会成员参与社区教育志愿服务活动，大大缓解了社区教育师资及管理人员不足的问题。

宿迁市社区教育志愿者主要来源于政府机关、企事业单位、开放大学、职业学校、中小学校、其他社会组织。志愿者队伍主要通过共建机制，依托社会各志愿者组织，吸纳具有较高科学文化知识和一定管理经验的志愿者。全市社区教育志愿者近 13 万人，占常住人口的 2.15%；全市的社区教育志愿者组织和团队涉及旅游、文化、教育、科普、卫生、体育、法律、心理、助残等行业，共 110 余个。

二、服务内容丰富

社区志愿服务内容极其丰富，范畴十分宽广，满足社区居民不同年龄、不同群体个性化、多层次的学习需求。

南通市社区教育志愿者队伍多以空巢老人、留守儿童、在通藏族学生、困难职工等为主要服务对象，为社区居民提供政策、法律、科普、医疗、健康等十五大类一百多项服务。服务内容丰富、形式多样，如：与共青团南通市委等部门合作开展“万名青年志愿者服务社区教育”工程；与虹桥街道共建“365 幸福家园”，开展空巢老人服务活动；组织师生到任港街道的安徽船民子弟学校义务支教，关怀进城务工人员子女健康成长；与和平桥街道共建民族民俗文化艺术节，关爱服务惠及南通的藏族学生；与团市委、各高校联合开展“万名青年志愿服务进社区”活动；与如皋长寿养生园建立老年教育实验基地，不定期组织老年人参加各种体验活动；等等。

苏州市志愿服务对象主要有幼儿、青少年、老年人，还有残疾人等，服务内容主要涉及安全健康教育、技能创业培训、节庆宣传活动、义诊环保服务等。2018 年，社区教育志愿者参与志愿服务活动 471 项，共计 229 万人次参与社区教育服务活动。

盐城市志愿者服务内容涉及社区法治、安全教育、职业培训、家政服务、未成年人教育、矫正对象教育、居民道德、身心健康及审美娱乐等方方面面。服务形式灵活多样，有办班授课、主题讲座、应急演练等。

淮安市组建各种服务队伍，开展特色服务项目，内容包括组建了残疾人志愿服务队、关爱孤寡空巢老人志愿服务队、慈善救助志愿服务队、生态环保保护河流志愿服务队、应急救援志愿服务队、无偿献血志愿服务队、网络文明传播志愿服务队、心理咨询志愿服务队、科普宣传志愿服务队等，开展关爱留守儿童、宣传节能环保理念、倡导文明新风、创建文明城市等志愿公益服务行动，形成了周末课堂、周末好儿女、党员义工等特色服务项目。

扬州市 2019 年度入选省社区教育品牌建设立项的“扬州志愿者培训”项目，由扬州工业职业技术学院承建，其为省内唯一一家专门从事志愿者培训的机构。扬州工业职业技术学院和扬州市邗江区民政局对接，每个二级学院对接了邗江区的一个社区，打造“社区—院系—品牌”志愿者服务模式，并编制了相关培训教材，培养了一批专兼结合的培训师资，形成了志愿服务能力培训体系，每年开展的志愿者培训人数可达到 1 500 人次。

三、 机制建设加强

江苏各地以加强志愿者队伍制度建设，健全志愿者管理机制，加强队伍考核等方式，推进队伍常态化、科学化发展。

南京市在《南京市市民文明素质提升 3 年行动计划（2016—2018 年）》中将“志愿服务氛围进一步浓厚”列入发展目标，在全市范围内开展“培育和引导民间社团组织、打造社区教育支援队伍生力军”的实践活动，并借助“南京教师志愿者联盟”平台，组建“居民数字化学习技能培训讲师团”，将南京市打造成“志愿之城”。

淮安市、连云港市建立志愿者登记建库制度。淮安市设立“社区教育志愿者办公室”，明确志愿者的权利义务和职责，向志愿者发放“社区志愿者服务证”，组织志愿者学习相关政策、法律、法规知识，举办志愿者培训班，对志愿者队伍进行考核评比。连云港市组织并充分发挥本市专家、学者等人员在社区教育中的作用，组建社区教育志愿者队伍，并不断扩充，形成常态化管理，与社区教育中的专、兼职教师形成互补。

扬州市、宿迁市建立健全志愿者管理机制。扬州市健全志愿者管理机制，建立志愿者招募、团队备案、定期例会、服务登记、时长认证、交通补贴等制度，推进社区教育志愿服务常态化、科学化发展。宿迁市建立乡镇（街道）社区教育志愿者实名管理认证制度、乡镇（街道）社区教育志愿者定期培训活动制度等，实现对社区教育志愿者准入、业务能力提升和服务效能提高的有效管控，还建立社区教育志愿者数字化信息资源库，实现对社区教育志愿者的数字化管理。

无锡江阴市建成全国县级市首家社区服务求助中心和志愿者活动协调中心，按照“无偿加少偿、自愿加鼓励、服务加育人”的原则，初步形成以市志愿者协会为主体，社区服务求助中心和志愿者活动协调中心为两翼的社会志愿服务协调格局。

盐城市把志愿者服务活动的参与率和活动质量作为重点考核内容，建立严格的考勤制度和请假制度，定期检查社区教育志愿者服务活动，按服务日期、服务内容、服务时间登记在卡，并按记录卡服务时间的累积数对志愿者进行星级评定，为志愿者颁发证书。

第四章

江苏省社区教育数字化平台及资源建设

为了深入贯彻落实《国家中长期教育改革和发展规划纲要(2010—2020年)》中关于“加强城乡社区教育机构和网络建设、开发社区教育资源”的要求,江苏各地加大数字化平台建设力度,各级社区教育机构通过自建、购买、共享等方式,建设了一批内容丰富的数字化学习资源,开发出满足社区居民学习需求的各类社区教育数字课程,打造社区教育数字化“网站联盟”。社区教育资源总量不断增加,区域内资源共享已成为常态。

第一节　数字化平台建设

一、“江苏学习在线”平台建设

2018 年,“江苏学习在线”平台升级改版后,定位更加准确,功能更加强大。作为江苏社区教育的门户网站,“江苏学习在线”既是集社区教育课程学习、资源管理、成果认证等功能于一体的学习平台,也是全省社区教育建设成果的展示窗口,是全省社区教育政策宣传、理论引领、信息发布的主流平台,更是融合 WEB 网站群、APP、微信服务端为一体的全媒体平台。作为江苏服务全省城乡居民终身学习的唯一省级平台,“江苏学习在线”提供信息发布与管理、课程发布与管理、信息统计与分析、管理员分级管理、学习者的资格注册与自我管理、全省社会教育网站链接及资源导航、学分管理与学分存储等服务，具有课程、资讯等多维搜索功能，并通过“区域试点”等模块，为区域社会化学习和行业系统的项目实践提供专项服务。截至2019年11月，平台总访问人次达到3 000万余人次，注册用户143多万，每天学习的活跃用户达3 000余人。网站发布咨询总数近11万条，做到每天发布、每日更新；发布视频课程近4万门，单门课程学习人数最多达8万人；发布各类学习证书23门，获得证书者15万余人次。

“江苏学习在线”作为省级平台，以“项目联盟”的形式，通过区域推广，将优质学习资源送进社区，让更广大的社区居民共享学习。各联盟单位依托“江苏学习在线”综合服务平台，通过多模式、多层次、大范围整合各类优秀教育资源和网络节点，开展资源共建、共享、交换，积极探索一网注册、多网互通、学分互认、线上线下沟通衔接的协作运行机制。已建有项目合作联盟6家、区域合作联盟网站28家。“江苏学习在线”积极探索“学分银行”和江苏居民终身学习账户，加强数字化学习资源建设，促进优质教育资源共享，为各级各类教育机构之间的学分互认与转换，推进公民的自主学习、享受学习，提供最广泛的支持与服务，为建设全民学习、终身学习的学习型社会不懈努力。

二、 各市终身教育数字化平台建设

“南京学习在线”依托开放大学办学体系，整合南京地区相关教育资源，构建终身教育支持体系，已建立覆盖全市12个区的网络体系，实现全市社区教育学习用户共享、学习资源共享、全市社区教育远程学习的统一调度管理。“南京学习在线”已经成为南京市终身教育的一张名片。截至2019年10月，网站注册用户逾106万，实名注册用户约4万，总访问次数突破1 270万次。

苏州市民终身学习云平台包括“宜学苏州”门户网站、“乐学课堂”课程超市、“善学社区”互动空间和“好学之星”学分银行，汇聚了各地市民网上学习平台，汇集了各类学习资源，推动了数字化学习资源的共建与共享，建立起了线上线下联动的学习模式，为广大市民休闲、文化、学习和提升生活品质提供帮助。

无锡开放大学主动适应“互联网+”趋势，积极推动数字化平台建设，学校统筹规划、协调推进，通过“无锡终身学习”平台，为市民提供免费在线学习途径，打通终身学习通道，进一步助推无锡社区教育发展。其中，“江阴终身学习网”依托“江苏学习在线”综合服务平台，以“项目联盟”方式继续建设和完善拥有独立域名的“江阴终身学习网”学习联盟共建网站。“江阴终身学习网”自运行上线后，登录人数已超20万，网站访问学习量超过84万，网站已有各类视频课程4 466门。

常州市的在线学习平台建设充分结合常州开放大学信息化资源，将开放大学、社区培训学院的远程教育基地和网络平台加以整合，充分利用常州市城乡社区综合管理和服务网络终端，构建起覆盖全市城乡社区的终身学习服务平台。2018年，“常州终身教育在线”进一步升级改版，在原有终身教育站群系统中补充溧阳市昆仑街道、金坛区西城镇两个街镇，形成覆盖市、辖(市)区、镇(街)“1+7+61”模式的终身教育站群系统，实现社区教育效用的最大化。“常州终身教育在线”网站2018年新增注册人数近3.4万，总注册人数超过19.5万人。各乡镇(街道)社区教育中心普遍建立数字化学习QQ群、微信群等交流互动联系方式，村、社区开设企信通、微信公众号、QQ群、微信群等平台。天宁区开设“社区教育管理群”“家文化”“红梅米饭”“宜人茶山”等微信公众号，建立职工电子书屋，组建基于社区教育的QQ群、微信群，搭建如“网格化管理”“学习圈子”等形式的网络学习平台。

镇江开放大学于2018年开通“镇江学习在线”。各辖区加强社区教育网站建设，积极搭建社区教育网络服务平台。如今，润州区、京口区和新区已建有自己的终身学习网。“润州区终身学习网”覆盖全区8个街道，注册人数4.7万余人。“京口区终身学习网”注册用户近5.8万人，总访问量已超过55万，共有2 000多门学习课程。

南通市教育局、南通开放大学于2018年开通“南通终身学习网”，上网人次超过2 200万，全市各区镇社区教育网站开通率达100%。网站赋予乡镇(街道)层级管理权限。县(区)、乡镇(街道)具备后台信息传送功能，所有活动信息均通过平台统一管理。南通市社会教育服务指导中心负责统一审核发布并做数据统计，为全市社区教育管理的信息化和数据化奠定坚实的基础。

“淮安学习在线”于 2018 年 12 月正式投入运营。淮安开放大学专门成立网站建设的领导班子和工作小组，明确落实具体的项目负责人和技术负责人。淮安市教育局为联盟网站提供专项经费，用于注册独立域名、特色课程建设及各类学习活动的组织与评优表彰等。截至 2019 年 9 月，网站注册用户 7.83 万人，访问量 114.2 万人次，日均活跃人数 2 000 人。

连云港以“江苏学习在线”为依托，积极推进“连云港市民学习与研究在线”网站建设。网站设置专职负责人，完成各子站的结构与内容策划工作，做好子站的框架设计和页面编辑工作。“赣榆学习在线”依托“江苏学习在线”的优质网络课程资源，设有 10 个大类、51 个二级分类、近 2 万个视频学习课程。东海县建有“东海学习在线”和“东海县职业与社会教育网”，每年有超过 3 000 人参与在线学习。

三、“联盟网站”建设

通过建设“联盟网站”，能有效整合省内各级各类数字化平台资源，形成共建、共享的良性态势。江苏省社会教育服务指导中心积极组织各市与“江苏学习在线”建立联盟网站，开通各地“学习在线”，形成整体联动效应，满足居民终身学习的需求。

淮安开放大学于 2018 年 9 月 17 日正式成为“江苏学习在线”学习联盟共建网站第四批合作单位。江苏开放大学免费为淮安开放大学提供项目联盟网站基本框架、通用功能模块，并承担网络平台的技术运营与维护。各乡镇（街道）社区教育中心，依托“江苏学习在线”继续推进线上线下相结合的社区居民学习活动，使居民网络学习参与率达到 40%以上。

常州市各辖市（区）积极支持终身教育站群系统的建设工作，做好与开放大学的数据对接和共建共享，主动与常州市城乡社区综合管理及服务信息化平台对接，在镇街一级建有社区教育专题网站（或网页）。

镇江的“丹徒学习在线”“句容学习在线”“扬中学习在线”“新区学习在

线”成为“江苏学习在线”联盟网站。句容市开通“镇江·句容学习在线”，是“江苏学习在线”首批七家联盟单位之一，完全共享“江苏学习在线”全部学习资源。扬中市教育局与江苏省社会教育服务指导中心签订“江苏学习在线”项目联盟共建协议书，依托“江苏学习在线”综合服务平台，以项目联盟方式开展学习服务。

“宿迁学习在线”于2017年向江苏学习在线提交加盟申请，加盟后边建设边使用。截至2019年，网站注册用户约1.33万，实名注册用户约1.2万人，点击量突破104.3万人次。“宿迁学习在线”不断完善市民数字化自主学习系统、数字化社区教育资源管理系统和数字化学习行为统计分析系统，与县区市民学习网站、乡镇街道社区教育信息服务网站共享，实现全市社区教育基地网络全覆盖。

第二节　课程资源建设

社区教育课程是社区教育实践活动开展的基本依据，是社区教育内涵发展的核心内容。江苏各级社区教育机构通过引入、开发、购买等多种形式，建设内容丰富、形式多样、特色鲜明的课程资源，满足社区居民多样化学习需求，促进社区教育内涵发展。

一、课程资源丰富

为促进社区教育和老年教育课程建设的专业化、规范化和科学化发展，江苏省社会教育服务指导中心编制《江苏省社区教育课程建设规范（试行）》《江苏省社区教育通用型课程分类标准（试行）》，构建了“社区德育与公民素质教育”“社区智育与职业技能”“社区美育与艺术教育”“社区体育与健康养生教育”“地方特色与文化”等五个大类、十五个子类的江苏社区教育课程体系。《江苏省社区教育通用型课程建设指导大纲》建设也在进行之中。

2019 年，江苏省教育厅发布《关于开展江苏省老年教育学习资源库子库建设目标申报工作的通知》，要求建设具有鲜明地方特色的全省老年教育学习资源库子库。这也是全国首个由省级教育行政部门直接指导建设的老年学习资源项目。南京视觉艺术职业学院、南通大学、扬州大学等一批普通高校积极参与，“老年摄影”“宠物、中草药与康养”“淮扬菜文化与传统技艺”“南京特色文化体验”等 9 门课程入选省老年教育学习资源库子库项目。

江苏开放大学、江苏省社会教育服务指导中心每年面向全省系统，立项建设社区教育资源，资源库内视频总量已经达到 4.4 万余个。资源课程内容按照“江苏省社区教育通用型课程分类标准”进行重新分类布局，使各类资源更加规范、更有条理，为社区居民学习提供及时、便捷、高效的学习支持服务。

南京市各级社区教育学习平台已经拥有慕课资源 3 000 门，视频资源 7 000 个系列共 10 万集，电子书资源 5 万余册，资源总存储量达 31TB。其中，学习平台永久资源包括视频资源 12 000 集、微课 500 集、慕课 1 350 集、电子书 50 000 余册。

苏州市开发视频课程近 1.5 万门，其中“工业园区市民学习网”新建开发视频课程 2 688 门、教材 133 本、读本 288 本，开设培训课程总计 7 144 期。网络课程开发迅速，课程内容丰富，覆盖人群广泛，从以健康养生类课程为主，转向以地方特色类课程和人才培养类课程为主。

至 2018 年底，常州开放大学组织社区教育教师赴各社区、各机构、各单位开展社区教育课程教学 1 345 次，受惠居民超过 115 万人次。截至 2019 年 10 月，常州开放大学广泛征集、遴选、编辑、发布 9 期共 950 门社区教育课程，并积极开展选课、送课、评课工作。课程内容丰富，包括文化素养、现代生活、教育辅导、休闲娱乐、职业技能等多个方面；教学形式灵活，既包括传统教师讲授形式，还包括调研、实际操作、观摩等形式。

镇江市各辖市（区）积极加强课程资源建设，将社区教育课程建设列入社区教育具体工作目标，注重社区教育课程（读本、视频）的研究、开发与应用，形成一批具有一定特色的课程资源。2017 年开发特色课程 294 门，编写社区教育教材（读本）70 本；2018 年开发特色课程 293 门，编写社区教育教材（读本）75 本；2019 年开发特色课程 285 门，编写社区教育教材（读本）55 本。

扬州市各区县社区教育课程包括基础课程和专题课程。基础课程符合地方特色，专题课程针对不同专业技术类型的需要而开设。2018—2019 年，扬州市各社区开设的课程共 200 多门，其中基础课程 60 门左右，专题课程约 150 门。

南通市民学习网拥有六大类 43 子类近 2 000 学时的学习资源，汇聚全市各类社会培训机构、培训内容、开展活动信息等，让居民能够按需选择报名参加社区教育活动，多样化的学习形式极大地满足了居民的学习需求。

宿迁市抓住京东电商公司落户宿迁的优势，大力推动区域电商教育，通过京东公司植入课程 13 门，自主开发地方特色课程 10 门。

二、 地域特色显著

江苏开放大学制作的“江苏文化名片”系列社区教育课程，是对江苏文化的一次梳理和保存，也是服务“强富美高”新江苏建设的重要精神资源。“江苏文化名片”包括江苏红色文化、饮食文化、桥文化、特色小镇、戏曲文化、文学艺术等子系列，用镜头传播江苏社会、经济和城市建设等方面的特色。其中“江苏红色文化经典”“江苏共产党人故事”通过采访中共江苏省委党史工作办公室有关专家，探寻 20 个红色教育基地，讲述江苏红色故事，弘扬革命传统和红色文化，彰显红色江苏风采。

江苏各市、县（区）、乡镇（街道）社区教育机构在进行社区教育通用课程开发的同时，努力挖掘乡土特色文化，开发乡土特色课程，建设乡土课程资源。常州市钟楼区将地方文化资源按照“名人生平”“名人故居”“非物质文化遗产”“现代文化产业”四大类进行梳理，组织有关专家和学者集中力量编写出一批读本，形成具有钟楼地方文化特色的课程体系。

扬州市广陵区组织的“扬州清曲”等社区教育课程，获得“全国社区教育特色课程”和“江苏省社区教育优秀乡土课程”等荣誉。广陵区李典镇社区教育中心编写的《乡情民俗》系列读本被评为“全国优秀乡土课程”。高邮市开发的教材《小龙虾生态高产高效养殖技术》获得2019年中国成人教育协会农村成人教育专业委员会全国社区教育乡土课程"全国十佳","临泽高跷"课程获得2018年全国农村成人教育优秀传统文化特色课程三等奖。

各地纷纷编写具有地方特点的读本或社区教育主题教材,在社区课程建设方面更注重提升居民精神需求。南通市海安县角斜镇社区教育中心编写的读本《角斜红旗民兵团民兵故事》,盐城市大丰区编写的教材《家乡的盐垦》和《盐韵古镇、美丽草原》,扬州市邗江区编写的教材《历代名人咏竹西精选诗词》,镇江句容市编写的读本《茅山抗战故事》以及无锡市编写的教材《吴地民俗》等,都有助于社区居民深入了解当地深厚的历史文化底蕴,激发社区居民热爱家乡、建设家乡的思想情感。

社区教育的课程开发过程凸显目标人群特色。各地为满足全体社区居民终身学习的需要,纷纷开发特色课程。常州市各社区培训学院根据居民需求定制特色课程,为老年人开设形体舞、瑜伽、模特、广场舞等课程;为青少年开设编程、绘画、跆拳道等课程;为家庭提供科学育儿、家庭和谐幸福、依法维权等课程。南通开放大学建设老年教育课程20门,包括电脑、合唱、舞蹈等老年人喜爱的课程。淮安市金湖县开设母婴健康、儿童绘画、儿童舞蹈等针对年轻妈妈及孩子的课程。连云港大港职业学校和社区学院联合办学,为推进航海实训基地的课程建设,先后开设船舶驾驶和轮机管理学历培训、轮机长和船长培训、航海电工培训、海轮服务员培训等多门航海专业的课程。

第五章

江苏省社区教育课题及研究

加强社区教育研究是深化社区教育内涵建设的重要抓手与路径，因而搭建平台、聚合力量，深入把握规律，提炼经验，积极宣传推广成为社区教育研究的重要内容。各地以课题立项、项目实验为抓手，增加社区教育课题研究的广度与深度，不断提升研究成果的质量，积极探索社区教育研究新领域。社区教育研究人员数量有所增加，研究队伍年龄结构不断优化，研究水平明显提升，研究载体更为广泛，研究方法多种多样，在课题研究、文章发表、项目实验等方面取得一定的进展。

第一节　研究增量与变化

一、课题的增量与变化

江苏省社会教育服务指导中心每年组织开展“江苏社会教育规划”课题申报工作，发布课题立项指南，组织专家评审课题，定期开展重点课题检查汇报工作，严把课题质量关，推动课题研究。2017—2019 年共立项各类课题 188 项。2017 年立项课题 63 项，其中攻关课题 2 项，重点课题 3 项；2018 年立项课题 62 项，其中攻关课题 1 项，重点课题 11 项；2019 年立项课题 63 项，其中攻关课题 1 项，重点课题 11 项。纵观这三年的课题研究情况，随着社区教育发展的不断深化，研究选题既有关注社区教育的政策、机制、体系等方面的宏观研究，也有探索社区教育的项目推进、路径选择、品牌建设等维度的中观研究，还有探索社区各类群体学习需求、信息技术运用、课程研发等角度的微观研究。选题的广泛性充分体现出社区教育内涵的丰富性和多样性。对选题的广泛关注折射出研究者的多样化视角和多学科背景，充分说明社区教育研究者、参与者群体越来越广泛。

各市积极组织参与各级各类课题研究，也适时开展课题项目立项，取得了一批成果。

全省社区教育研究者积极承担各级别课题，如中国成人教育协会“十三五”成人教育科研规划课题“乡村振兴战略背景下农村老年教育的研究”“立足地方社区教育特色课程开发和利用的研究”“全媒体时代社区教育有效供给创新发展研究”等，江苏省教育科学“十三五”规划课题“学习型社会的载体——开放大学体系建设研究”“社区教育课程标准及质量控制研究”，江苏高校哲学社会科学研究项目“江苏省社区教育智库建设路径研究”，江苏省“社科应用研究精品工程”项目“‘强富美高’新江苏目标下的终身教育法制保障建设研究”，江苏省教育信息化研究立项课题“社区教育数字学习资源共建众享机制运行的实践研究——以常州为例”“‘1+7+61’终身教育站群系统建设与管理的研究——以常州为例”等，国家开放大学课题“乡村振兴战略背景下农村社区教育共同体建设的研究”“供给侧改革视角下社区教育供给研究”等，江苏省终身教育研究会课题“开放大学推动社区教育师资队伍建设研究”“马克思发展共同体视域下终身教育体系构建的研究”等。

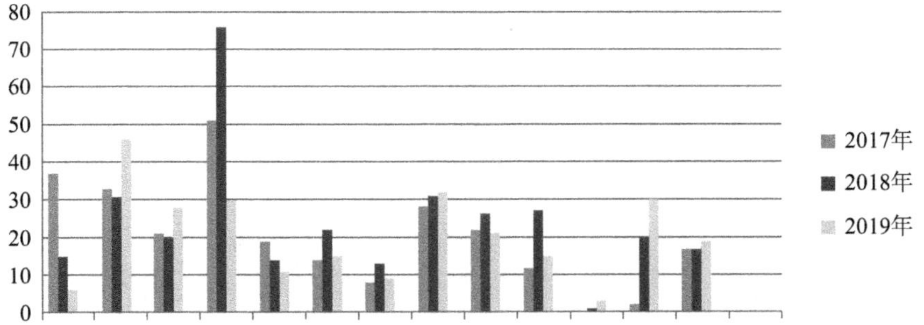

图5-1 江苏省社区教育课题立项变化图（单位：项）

表 5－1　江苏省社区教育课题立项数据表（单位：项）

	南京	苏州	无锡	常州	镇江	扬州	泰州	南通	淮安	盐城	宿迁	徐州	连云港
2017 年	37	33	21	51	19	14	8	28	12	22	0	2	17
2018 年	15	31	20	76	14	22	13	31	27	26	1	20	17
2019 年	6	46	28	30	11	15	9	32	15	21	3	30	19
合计	58	110	69	157	44	51	30	91	54	69	4	52	53

从图 5－1、表 5－1 可以看到，2017 年和 2018 年，常州、扬州、泰州、南通、盐城、淮安、宿迁、徐州立项数目有所上升，连云港立项数目持平，南京、苏州、无锡、镇江立项数目有所下降。与 2018 年相比，2019 年，苏州、无锡、南通、宿迁、徐州、连云港立项数目有所上升，南京、常州、镇江、扬州、泰州、盐城、淮安立项数目有所下降。三年中，常州立项最多，宿迁立项最少。徐州立项数目增长趋势明显，南京立项数目下降幅度较大，常州立项数目起伏较大。

二、论文的增量与变化

以“社区教育”为主题词、“江苏”为著作版权地，在中国知网进行检索发现，全省 2017—2019 年共发表论文 234 篇，有 25 篇发表于北大核心期刊和 CSSCI。其中，2017 年发表论文 77 篇，在北大核心期刊和 CSSCI 上发表 7 篇；2018 年发表论文 109 篇，在北大核心期刊和 CSSCI 上发表 11 篇；2019 年发表论文 48 篇，在北大核心期刊和 CSSCI 上发表 7 篇。另外，尚有大量文章发表在未被中国知网收录的各地终身教育杂志或者其他期刊上，据统计，三年总量达到 2 196 篇。

由于统计时间截至 2019 年 10 月，因此不少地区 2019 年论文发表总量看上去有所下降。

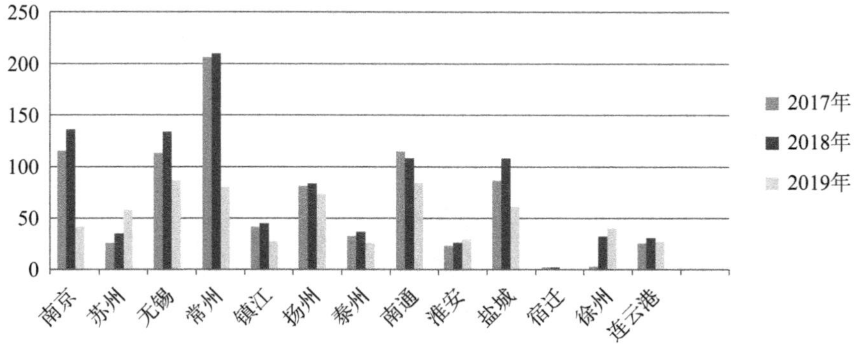

图 5－2　江苏省社区教育发表论文变化图（单位：篇）

表 5－2　江苏省社区教育发表论文总数表（单位：篇）

	南京	苏州	无锡	常州	镇江	扬州	泰州	南通	淮安	盐城	宿迁	徐州	连云港
2017 年	116	25	5	206	41	81	32	114	23	87	2	3	25
2018 年	136	35	34	210	45	84	36	108	26	108	2	32	31
2019 年	42	57	3	80	28	73	25	84	29	61	0	40	27
合计	294	117	42	496	114	238	93	306	78	256	4	75	83

从图 5－2、表 5－2 可以看到，2017—2018 年，南京、苏州、无锡、常州、镇江、扬州、泰州、淮安、盐城、宿迁、徐州、连云港发表论文数量有所上升，南通发表论文数量有所下降。2019 年，据不完全统计，苏州、淮安、徐州发表论文数量有所上升，南京、无锡、常州、镇江、扬州、泰州、南通、盐城、宿迁、连云港发表论文数量有所下降。其中，常州市发表论文数量最多，接近 500 篇，年均发表 160 余篇，显示出较强的研究实力。而宿迁在社区教育研究上则显得力量薄弱，三年总共发表论文 4 篇。

三、 科研活动的推动

2017—2019 年，江苏各地通过举办科研培训、开展科研论坛、组织科研成果评选、聘请专家指导课题研究等方式，促进社区教育科学研究。

江苏省社会教育服务指导中心通过承办全省社区教育与乡村振兴学术

论文写作等专题培训班，围绕社区教育与乡村振兴、学术研究规范、课题申报、论文写作、如何投稿等方面，对全省近200名社区教育工作者进行了专业培训；还通过评选江苏省社会教育（教学）成果奖等活动，总结江苏社会教育教学改革、项目建设和管理工作中所取得的成果，有效提升社区教育工作者的专业水准，大力推动社区教育科学研究。

南京市通过组织南京市社会教育“十三五”课题申报培训活动，开展第四期社区教育实验项目研究，提高南京社区教育科学研究水平。各区均有项目在实施、开展，例如，建邺区江心洲街道主持“利用社区优质资源创建居民健康生活方式”社区教育实验项目、溧水区经济开发区主持“失地村民市民化培训的探究”社区教育实验项目、浦口区盘城街道主持“葡萄栽培技术的培训”社区教育实验项目等。

连云港市组织社区教育论坛、学术沙龙等科研活动，加强和提升社区教育工作者的研究意识和研究能力。例如，开展“社区教育与文明城市创建”主题活动，举办“新丝绸之路与终身教育”论坛，与北京大学、江苏开放大学联合举办“一带一路终身教育研讨会”等。

第二节　研究群体、载体与方法

一、研究群体

社区教育研究群体主要为开放大学、社区学院、社区教育中心、高校以及行政工作人员。

开放大学教师、社区学院教师、社区教育中心教师是社区教育研究的主要群体。常州市社区教育以开放大学教师为主要研究群体，社区学院和社区教育中心学校教师也是重要研究力量。常州社区教育研究群体在逐步扩大的同时，队伍年龄结构也在不断优化，团队中已出现“90后”研究群体。扬州市社区教育以高等学校(含开放大学)、社区教育行政管理部门及其工作人员、社区教育专兼职工作人员为主要研究群体。连云港开放大学教师、区县社科处负责人、基层社区教育工作者是连云港市社区教育的主要研究群体。

普通高校教师逐步参与到社区教育课题研究,成为近些年研究的新"增长点"。他们较为扎实的理论功底和良好的学术素养,为开展课题研究提供了坚实的基础。江苏理工学院、常州工学院等高校的教师,淮阴工学院社会工作专业的教师,也加入了社区教育研究阵营。

社区教育兼职人员、社区教育志愿者也构成了社区教育的研究群体。淮安市社区教育行政管理人员,镇江市部分街道、产业园工作人员,南京市社区教育志愿者都积极参与到社区教育研究之中。

二、研究载体

社区教育需要依托课题、论文、杂志、项目等载体展现研究成果。各地由于社区教育发展程度不同,所以研究侧重点也有所不同。

(一)课题

课题研究有助于深化社区教育内涵,探索社区教育内在规律,提升社区教育队伍理论水平,促进社区教育发展。2017—2019年,各地课题申报过程越来越规范、课题申报质量越来越高,课题研究内容越来越广泛,并就某些研究主题进行系列研究,不断深化社区教育研究。

江苏省社会教育规划攻关课题"基于政府目标考核的社区教育发展评价指标体系",课题探索促进社区教育发展的策略与机制,引导各级地方政府重视和发展社区教育,推动全省社区教育事业均衡发展、特色发展。该课题遵循注重学习与研究相结合,现实性与发展性相结合的原则,由8个一级指标、16个二级指标、49个观测点组成。其中观测点的内涵和目标值从教育的普及度、公平度、质量度、开放度、保障度、统筹度、贡献度和满意度等方面进行了编制。

"20世纪江苏社会教育史料研究"作为江苏省社会教育规划攻关课题,

在全面回顾江苏省20世纪一百年社会教育发展历程的基础上，系统梳理了这期间社会教育的重大历史事件、重要人物、主要活动及其社会影响，勾勒出这期间社会教育发展的清晰脉络，揭示出社会教育发展规律，为当今社会教育发展和社区教育学科研究提供了理论依据和实践经验。

苏州市围绕学习共同体建设开展系列研究，主持中国成人教育协会农业教育专业委员会的课题“学习共同体在社区教育资源整合中的作用”，主持江苏省社会教育规划课题“培育社区学习共同体的实践研究——以金家坝水产养殖学习共同体为例”“社区学习团队带头人队伍建设与能力提升的研究”以及“积极老龄化背景下农村老年学习共同体培育研究”，从资源整合、队伍建设、服务对象等多个维度，深入探索如何构建学习共同体，推进社区学习型社区建设。

常州市围绕社区教育智库展开研究，主持国家开放大学课题“社区驾驭虚拟智库建设研究——以常州市为例”、江苏省成人教育协会“十三五”课题“兼顾省社区教育虚拟智库建设路径研究”，常州市社区教育科研重点课题“常州市社区教育智库运行机制研究”，从社区教育智库实体的建设路径到社区教育虚拟智库的界定，从顶层智库建设到基层智库影响因素分析，不断深化社区教育智库研究。

以项目推进实践来助推课题研究，是开展社区教育研究的重要路径。研究者借助各类社区教育项目，进行社区教育研究，推进社区教育工作，形成丰富多彩的研究局面。南京市开展社区教育实验项目研究，内容涉及居民健康生活、职业技能提升等。如建邺区江心洲街道的“利用社区优质资源创建居民健康生活方式”、溧水区经济开发区的“失地村民市民化培训的探究”、浦口区盘城街道的“葡萄栽培技术的培训”等，有力推动社区教育科学研究，不断满足社区居民需求。镇江句容市茅山风景区社区教育中心结合其申报的省级游学项目，开展“整合景区红色教育资源开展‘茅山红色文化’游学”的研究，深入挖掘茅山红色文化资源，出版《茅山抗战故事》，编写《茅山红色文化读本》。丹阳市吕城镇紧扣区域特色资源的开发，开展课题“乡土文化课程的开发与运用的研究与实践”研究，以挖掘吕城镇乡土文化为抓手，以社区教育中心编写的《小陈故事》《吕城民风民俗》等教材为载体，展开研究。

各地社区教育机构积极承担市教育局、市社科联、市教育科学规划办、市科协组织的各类课题。但就总体而言,各地立项课题级别不高,基金项目级别不高、支持力度不够,缺乏具有影响力的高级别课题。

(二)论文

2017—2019 年三年中,研究者从政策研究、理论探究、路径探索、机构建设、项目建设、资源整合、学习模式探索、课程建设、队伍发展等方面,深化社区教育内涵,展现社区教育研究成果。

在社区教育政策研究上,《公共性:社会教育融入社会治理的价值向度》(虞晓骏,2018)一文从社会建设的政策目标系统、政策指导具体出发,谈到认识社区教育的基本价值,强调发挥社区教育在社区公共性建设中的功能和作用。《论江苏终身教育体系的环境分析及生态优化》(钱旭初,2018)结合江苏的实践,分析了影响江苏终身教育体系的政策、社会经济、文化要素等外部环境因素,进而结合江苏终身教育体系的内部生态环境特点,分析体系生态位重叠的现状;提出了优化江苏终身教育体系构建的建议,包括确保制度设计的先进性、形成制度体系的整体性、组织构架的贯穿性;文化环境的创设,强化"公共教育"意识、侧重社会教育,弘扬学习文化、营造"学习时尚"、建立"公共学习空间"、实施品牌战略;保障供给侧,提供优质服务等相关建议。

在社区教育理论探索方面,研究者多借用其他学科理论和方法来研究社区教育问题,《在习近平科学方法论指导下的社区教育治理创新》(陈乃林、刁元园,2018)用习近平科学方法论,创新社区教育治理方式,提出社区教育治理的对策和措施。《基层治理模式变迁下的社区教育改革要义——结构功能主义的视角》(许晓星,彭明成,2018)从结构功能主义视角出发,厘清基层治理模式的变迁轨迹,重新审视新时期社区教育改革的要义。

在社区教育路径探索上,《社区治理新趋势下的社区教育路径再思考》(许晓星,郝天聪,2018)一文指出,社区教育发展路径要在社区治理新趋势下开辟。《构建社会工作服务机制 促进社区教育发展》(施健,2019)提出通过构建社会工作服务机制,来提升社区专业化服务水平,拓展社区教育发展路径。

在社区教育机构建设方面,《社区教育学院在构建终身教育体系中的地位与作用》(吴宏兵,2018)一文强调,社区教育学院作为社区教育实体,在终身教育体系建设中扮演重要角色。《社区教育中心在村(居、企)业余学校建设中的功能发挥》(王婷,2018)进一步指出,社区教育中心在推进村民、居民、企业业余学校建设中具有越来越重要的作用。《东西部社区学院共享型终身教育学习平台的设计》(徐辰,2018)一文认为,东西部社区学院通过共建终身学习平台的方式,促进社区教育均衡发展。

在品牌项目建设方面,《终端战略引领社区教育特色服务——江苏开放大学“学习苑”建设与思考》(沈悦,2018)一文指出,“学习苑”作为社区教育品牌项目,拓展了终端战略的形式,促进社区教育内涵建设。《高职院校参与社区教育工作的实践与思考——以常州市〈绿色智慧家居〉社区教育特色项目工作室为例》(许明,2018)一文指出,应积极吸引高职院校,以项目建设为契机,参与社区教育发展。

在数字化学习模式探索上,《智能化时代社区教育数字化学习模式与发展途径》(彭梓涵,王运武,2019)一文提出,通过完善数字化学习环境、优化数字化学习模式、提高社区主体参与度三种方式,来推动社区教育数字化学习。《社区教育“学分银行”的探索与应用——以“江苏学习在线”学分银行为例》(王权,2018)一文认为,建设社区教育“学分银行”,为学习者的学习成果认定和转换提供制度保障。

在社区教育资源整合方面,《现代社区教育资源整合大格局构建策略研究——基于淮安市洪泽区的调查》(金玲等,2019)一文提出,通过构建事业、利益、资源三个“共同体”,运用标准化、精准化、大数据三种“大思维”,来形成社区教育携手发展大格局的发展策略。《社区教育资源整合模式的分析与思考》(徐三兴,2018)从统筹领导、多方配合、举办‘教育节’和多方参与等方面,构建社区教育资源整合模式。《社区教育资源整合实践研究》(谢娟,2018)在对苏北某县社区教育资源整合的情况进行分析的基础上,提出社区教育资源整合的方法。

在社区教育课程建设上,《浅谈社区教育课程质量标准》(钱旭初,

2018)、《社区教育课程观与课程体系的构建——基于社区教育的文化特征》(钱旭初,蔡廷伟,2018)、《基于地域文化背景下江苏特色社区课程开发研究》(施健,钱旭初,2018)等文章,通过社区学习者学习特点的分析,提出了编撰社区教育课程的标准、原则、维度。《关于常州市社区教育活动课程编制的思考——以社区青少年机器人素质提升系列课程为例》(仲红俐,李梦军,2018)进一步指出,编制活动课程要从课程目标定位、课程内容选择与组织、课程实施、课程评价等几个方面进行分析和思考。

在社区教育队伍发展方面,《教师专业化背景下社区教育专职工作者培养:基于制度学的视角》(罗殷,2018)一文基于制度学视角,提出建立社区教育专职工作者培养制度的价值和路径。《基于扎根理论的社区工作者积极因素研究》(王艳梅,马丽,2018)探究基于扎根理论下的激励社区工作者的内部因素和外部因素。《基层社区教育志愿者队伍创新发展之探索》(陈鸣,2018)提出建设农村基层社区教育志愿者队伍的意义和路径。

关于社区教育研究之研究,《论社区教育的政策供给与社区教育研究》(钱旭初,沈悦,2018)一文从社区教育的政策研究入手,结合社区教育研究开展分析,指出社区教育研究与整个环境之间存在高相关性,特别是社区教育的政策已经成为社区教育研究的视域与基点,因而"政策主导型"也成为社区教育研究的基本特点;同时,政策规范也成为引导社区教育研究的基本框架。

(三)杂志

为社区教育提供研究平台,总结和提炼社区教育成果,江苏各地相关社区教育研究的期刊、杂志栏目正越来越多地关注社区教育,助力江苏社区教育研究高地的打造。

由江苏开放大学主办的《终身教育研究》期刊,2016 年由原《江苏开放大学学报》更名,从综合性期刊发展成为国内第一本公开发行的、针对终身教育研究的专业性学术期刊,以"关注终身教育发展前沿问题,反映终身教育领域理论研究成果和实践经验,服务我国终身教育体系的构建和学习型社会建设"为宗旨,常设有"社区教育""老年教育"等专栏。2017—2018 年,《终身教育研究》发表关于社区教育、老年教育方面的文章共 22 篇。

《职教通讯》是由江苏省教育厅主管，江苏理工学院主办的职业教育综合性期刊，长年刊发社区教育方面的研究成果，已经成为展示社区教育研究成果的重要窗口和学术交流的重要平台。

江苏省社会教育服务指导中心主办的《江苏社会教育》每年 4 期，免费向全省 1 500 余家单位发行。作为覆盖全省、具有一定影响力的社会教育内刊，该刊就江苏社会教育成果进行宣传介绍，注重从理论性、专业性、影响力上对杂志进行定位。既关注社区教育最新政策动态和重大时事资讯，从理论研究和实践探索两大板块全面介绍江苏社区教育最新的研究进展。

《南京终身教育》于 2017 年第 1 期进行了改版，对原期刊的形式和内容做了较大改变。改版后，期刊从原来的黑白印刷改成彩色印刷，做到了图文并茂、风格典雅。文章从原先的纯议论文体，变成认记叙文体为主，增加了可读性，更加贴近生活。《南京终身教育》设置了“社区论坛”“品牌项目”“学习之星”“培训之窗”“文化传承”“教育惠民”“志愿服务”和“校外教育”等栏目，发行到南京市 12 个区的社区学院、100 个街道社区教育中心和 1 000 个居民学校，为宣传终身学习理念，推广社区教育经验，建设学习型社会，发挥重要作用。《常州终身教育》设有“课程开发”“农村成人教育”“青少年校外教育”“老年教育”“实践探索”“项目实验”“学习型组织”“人物专栏”“他山之石”“信息传真”等栏目，为常州社区教育研究提供专业的学术交流与信息传递平台，有力推广社区教育研究成果。《无锡开放大学学报》更名为《无锡终身教育》，为无锡社区教育研究搭建学术交流平台。

（四）优秀科研成果奖

全省各地社区教育研究者在推进各类课题研究的过程中，形成了一些优秀研究报告和研究成果，有些报告和成果获得省级以上奖励。例如，常州的研究报告《社区教育资源优化与结构布局战略研究——以江苏省为例》获得第十一届全国成人教育优秀科研成果（研究报告）一等奖。论文《江苏省社区教育现状研究——基于 835 家社区教育机构网络调研结果分析》获得江苏省哲学社会科学界第十一届学术大会优秀论文二等奖。宜兴开放大学课题《县域数字化学习社区建设实践研究》的研究成果获得全国成人继续教育优秀科研成果二等奖。2018 年 6 月，教育部社区教育研究培训中心、江苏省社会教育服务指导中心、中国成人教育协会社区教育专委会、中国成人教育协会农村成人教育专委会联合举办了首届“全国社区教育（青年）研究成果奖”，江苏获得一等奖1项、二等奖6项、三等奖12项、优秀奖29项。江苏阵营取得的成绩展现了一定的研究能力和蓬勃的研究生机，体现出江苏在全国社区教育研究队伍中发挥的引领作用。

为全面总结和推广近年来江苏在建设学习型社会、构建终身教育体系，全面深入推进社区教育、老年教育、青少年校外教育等方面的教育（教学）成果，江苏开放大学、江苏省社会教育服务指导中心于2018年9月组织开展首届“江苏省社会教育（教学）成果奖”评选活动。社区教育（教学）成果奖评选在全国社区教育领域中是首创，弥补了教育教学成果奖中社区教育成果的缺失。活动评选出特等奖1项、一等奖10项、二等奖18项。获奖成果种类丰富、形式多样，范围包括江苏省各级各类社区教育机构及教学、管理、科研人员在社区教育教学改革、项目建设和管理工作中所取得的成果，内容覆盖社区教育实践中的各类案例、总结、特色项目创建、数字化资源建设及优秀论文、课题等教育教学成果。例如，特等奖是由常州教育局与常州开放大学联合申报的“终身教育共同体建设实践研究”课题，其以生态学的视角为切入点，将生态学与常州终身教育共同体的理论相结合，同时又将这些理论与当地的终身教育资源相结合，进而提升社区教育合力。

三、研究方法

社区教育范畴广泛，教育对象复杂，教育内容丰富，这就决定了社区教育研究方法的多样性。纵览社区教育相关研究文献、报告和著作，研究方法主要有调查法、文献研究法、个案研究法、经验总结法、比较研究法五种研究方法，其中以调查法、文献研究法、经验总结法、比较研究法为主。由于社区教育研究队伍水平参差不齐，社区教育研究方法在科学性和严谨性上还有待进一步提高，其研究成果还需要进行有效推广和科学比较。

调查法是科学研究中常用的基本研究方法，它综合运用历史法、观察法等，采用谈话、问卷、个案研究、测验等科学方式，对教育现象进行有计划的、周密的和系统的了解，并对调查搜集到的大量资料进行分析、综合、比较、归纳，从而为人们提供规律性的知识。这种研究方法成为社区教育中最为常见的方法之一。常州开放大学主持的课题“法治新常态视阈下江苏终身教育法制保障研究”，通过调查了解江苏社区教育开展的现状以及资源分布情况，了解普通市民对终身教育和终身教育立法的认识，深入访谈社区教育工作者，分析现阶段江苏终身教育法制保障建设的必要性和可行性。连云港开放大学主持的课题“开放大学社区教育教师的角色转型与专业发展研究”，通过调查开放大学教师开展的社区教育现状，分析开放大学的社区教育教师角色定位，剖析开放大学教师开展社区教育所需要的知识、技能和素养等。

文献研究法被广泛用于各类学科研究中，以了解有关问题的历史和现状，帮助确定研究课题，形成关于研究对象的一般印象，通过观察和访问，得到现实资料。文献研究法逐渐得到重视，表明了研究方向已部分转向深度的文献史料研究，社区教育学科化研究开始受到关注。苏州市主持的课题“费孝通社区教育思想研究”，通过梳理与整合费孝通社区教育思想的发展脉络，回顾开弦弓村社区教育的发展历程，审视当前本土社区教育的发展需求，为当今社区教育发展提供理论借鉴与实践参照。南通开放大学主持的课题“张謇社会教育思想与社会教育地方特色创新研究”，全面回顾张謇兴办社会教育的主要实践内容，分析其社会教育思想形成的基础，系统梳理和整理归纳张謇的社会教育思想，为促进社区教育地方特色创新发展提供有益借鉴。

经验总结法是指通过对实践活动中的具体情况，进行归纳与分析，使之系统化、理论化，最终上升为经验的一种方法。该方法也是目前社区教育研究最广泛使用的方法。盐城市主持的课题“农村社区教育发展的困境与出路”，通过对农村基层政府社区行政作用力发挥、社区教育资源有效性供给、社区教育人员队伍建设、社区居民参与度等进行调查了解，对农村社区教育发展情况进行系统掌握，总结农村社区教育存在的问题，提出推进农村社区教育发展的策略。苏州开放大学主持的课题“混合所有制视角下高职院校服务社会教育模式研究”，对不同高职院校校企合作、职业教育的实践经验进行总结，探索校企合作的运行机制，构建高职院校服务的社会教育模式。

比较研究法是对事物或者问题进行区分，认识其差别、特点和本质的一种辩证逻辑思维方法。句容市社区培训学院主持的课题“县域社会教育新型农民职业技能培训模式创新与运行案例的研究”，通过对日本、韩国、英国、法国、德国、美国等国家农民培训的分析、研究，比较农民培训的东亚模式、西欧模式和北美模式，找出农民职业技能培训中存在的问题，从而提出适用于新型农民职业技能培训的模式。盐城开放大学主持的课题“社区教育视角下新生代农民工教育培训现状与策略研究”，通过对第一代、第二代农民工进行纵向比较，挖掘新生代农民工的特点，对新时期城市居民和新生代农民工进行横向比较，分析之间的差异，构建新生代农民工培训模式。

个案研究法是认定研究对象中的某一特定对象，加以调查分析，弄清其特点及其形成过程的一种研究方法。苏州市主持的课题“项目化管理在社区教育中的应用研究——以苏州为例”，结合苏州市社区教育项目化管理推进的工作实际，分析在社区教育项目化管理过程中的成功经验和存在问题，总结出一套适合苏州社区教育项目化的管理模式。常州开放大学主持的课题“社区教育与家庭教育融合体系建设的策略研究——以常州市为例”，在分析常州市社区教育与家庭教育发展现状的基础上，探索社区教育与家庭教育融合体系建设的路径和策略。

第三节 研究热点及创新

一、研究热点

随着社区教育的深入发展，研究者从最初分散的若干研究点聚焦到几大研究面上，体现出社区教育研究的趋势和方向。一是更加关注国家宏观政策，立足于地方和社区，探索国家宏观政策如何在社区教育中落地。研究者关注社区教育如何助力乡村振兴,社区教育如何服务精准扶贫等。二是关注社区中的老年群体,从建立"养教联动基地"探索老年人生活学习平台,到探索老年人学习方式和生活乐趣等,对社区老年人进行全方位研究。三是探索社区教育资源整合机制。社区内部资源十分丰富,社区外部资源更为浩瀚,如何整合社区资源,探索社区与社会资源整合的路径,正成为研究的焦点。四是依托品牌项目建设,探索社区教育创新发展方式,丰富社区教育模式、运行方式以及理论内涵。社区教育研究的热点主要在以下四个方面。

热点一,社区教育助力地方经济发展。为地方社会经济发展服务,是社区教育的地方性、开放性特点所致。乡村教育是乡村振兴的奠基工程。随着乡村振兴战略的提出,社区教育有了新的使命,而其中最鲜明的特征就是全方位服务"三农"。社区教育中的下岗职工培训、新农民培训、家庭理财培训、残疾人培训、传统手工艺培训等,都与精准扶贫密切相关。社区教育在教育扶贫中大有可为。例如,淮安市三年内承担的相关研究课题"乡村振兴战略背景下农村老年教育的研究""农村社区教育课程设计与开发研究——以淮安区博里镇为例""农村社区教育实践基地建设的研究"以及"高水平农科教结合富民示范基地建设范式研究",分别从增强社区教育意识、加强资源整合、开发农村社区人力资源和建立有效社区教育组织管理机制入手,着力寻找农村社区教育发展路径。

热点二,聚焦老年群体。发展老年教育,是应对人口老龄化、建设学习型社会的重要举措。2017 年,国务院发布《"十三五"国家老龄事业发展和养老体系建设规划》,指出要开展养教结合试点,提升老年教育机构的基础能力。南通开放大学主持的课题"继续社会化视域下老年教育发展策略重构路径研究",基于新时期老年教育规律及其需求的特点,针对当前老年人继续社会化的基本现状和存在的主要问题,从理念重构、目标重构、对象重构、内容重构、方法重构五个方面,提出基于继续社会化视域下的老年教育发展策略路径。淮安市主持的课题"农村社区老年健身项目推广的研究",通过调查农村老年人健身需求的特征,引导农村老年人树立健康的养生观念,充分利用农村社区优越的地理和空间优势,开展适宜中老年人的健身项目。

热点三，探究社区教育资源整合机制。整合各类社区教育资源，搭建社区教育有效载体，增加资源供给，是推进社区教育的关键环节。首先，发挥市、县（区）开放大学及职业学校的资源优势，为市社区大学、区社区学院提供场地、师资、课程、信息技术等资源，保障社区教育机构优质发展，更好地服务社会。其次，整合社会各类资源，建立各类社区教育基地，开放共享各类资源，形成社区教育共同体，满足居民学习需求。再次，整合社会资源，汇集社会各方力量，积极开展社区教育。镇江市主持的课题“社区教育与新时代文明实践所融合建设的研究——以后白镇为例”、常州市主持的课题“新常态下城市社区教育资源体系化构建研究”、连云港开放大学发表的研究论文《利益相关者理论与社区教育合作办学——以连云港社区大学为例》，都在探索社区内部和外部之间的资源整合机制和通道，以期为社区发展提供更优质的资源，推动社区教育发展。

热点四，以项目建设研究推动社区教育发展。以项目推动社区教育，研究提炼项目内涵，是社区教育研究的一大亮点。盐城市主持的课题“区域文化传承和教材开发的研究——以盐城市大丰区万盈镇为例”，探索具有大丰地域特色的文化，编写具有大丰文化内涵的教材。宿迁市围绕省社区教育品牌项目“农村电商培训”“校企结合培训，促进地方特色产业发展”，结合宿迁地方经济发展，积极探索面向全市城乡居民开展的各种形式的农村电子商务、现代农业技术、新型职业农民等培训，助力宿迁市委市政府“物联网+农产品营销”行动计划，为宿迁产业转型发展贡献力量。无锡市各社区教育中心将活动项目转化为研究成果，在国家级期刊上发表与研究相关的文章，如《社区教育项目的开发和品牌培育的实践与认识》《社区教育微课程资源建设与推广的实践研究——以宜兴开放大学为例》《有效推进企业职工岗位培训的实践研究》以及《基于“人文无锡”的社区特色教育资源建设研究》等。

二、研究创新

第一，社区教育研究机制的建立。江苏各地先后成立市社会教育服务指导中心、市终身教育学会等机构，负责研究和推进社区教育发展相关事宜，统筹管理、指导、服务与考核评价市级社区教育课题研究，组织研究团队，建立研究智库，培训研究队伍，提升研究水平。例如在原常州市教育局局长丁伟民同志主持的课题“生态学视角下终身教育共同体建设研究——以常州为例”的引领下，常州市社区教育共同体研究全面开展。常州开放大学作为主要研究力量，配合常州市教育局整合社区教育资源，指导完成面向全市的常州市终身教育共同体建设专项实验项目 19 项。

借助高校教师研究力量，组建一支融合多方力量的强有力的研究团队，能较好地推进社区教育研究。例如，扬州市注重社区教育的理论研究，借力引智，依托扬州大学和扬州开放大学的师资力量，组建了一支研究社区教育的专家和基层教师团队。南京市为了搭建全市社区教育战略规划、课题研究、项目评估等咨询及服务平台，遴选一批经验丰富、立足岗位、服务全市的终身教育管理者、研究者等相关人员，组建南京市终身教育专家库。

第二，社区教育研究学科化发展探索。在学科的形成与发展过程中，对于学科学术史的梳理是一项富有意义的研究工作。社区教育至今尚未形成一门学科和专业，尤其缺乏对学科史的梳理。因此，深入挖掘和整理社区教育学科历史，对于促进社区教育学科化发展具有重要意义。昆山开放大学张国翔教授主持的江苏省社会教育规划攻关课题“20 世纪江苏社会教育史料研究”，选取江苏省 20 世纪具有代表性的社会教育发展时间段，从社会教育文献、社会教育事件、社会教育人物等方面进行资料收集和梳理，将散落、无序的历史资料进行整理，形成较为完整且脉络清晰的江苏社会教育百年发展史。在理论意义上，该课题从社会教育文献、社会教育事件、社会教育人物三个方面梳理江苏省 20 世纪一百年的社会教育发展经验，探寻社会教育发展的轨迹，总结社会教育发展的理论，把握社会教育发展的规律，为当今社会教育发展提供一定的理论支撑与经验借鉴。在实践探索上，该课题总结了 20 世纪江苏省社会教育建设发展的成功经验和失败教训，为当今社会教育建设提供有效的借鉴。在填补社区教育学科发展史、促进社区教育学科发展上，张国翔教授的研究课题具有较大价值。

第三，社区教育课程标准化建设研究。社区教育课程是社区教育开展的基础和载体，社区教育的课程质量在一定程度上决定着社区教育的质量。

开展社区教育课程标准化建设研究，促进社区教育课程科学化、规范化、体系化发展，是开展社区教育研究的重要内容。江苏省教育科学“十三五”规划课题“社区教育课程标准规范及质量控制研究”，旨在建立适合江苏社区教育发展需要的课程观，在课程观的统一引领下，进行课程分类、建设课程内容、编写课程大纲，形成集课程分类标准、课程大纲、课程建设规范三位一体的江苏社区教育通用型课程建设解决方案。在推动社区教育课程研究方面，该课题进行了有益尝试和创新探索。

第六章

江苏省社区教育发展的经验、问题及对策

建设学习型城市，推进终身教育，提高国民素质，已成为江苏省教育环境的重要生态指标。2017—2019 年，全省社区教育正步入内涵发展与提升的阶段，坚持政府主导，加强制度建设，丰富社区教育内容框架，完善社区教育治理体系，有效推进社区教育事业发展，逐步形成具有江苏特色的社区教育体系。但在深入发展的过程中，江苏社区教育还存在对社区教育的认知和关注不够，体系建设不完善，区域间发展不平衡，队伍发展不稳定，社区教育研究能力不足、宣传力度不够等一系列问题，需要通过完善顶层设计，深化内涵建设，加强理论研究，扩大宣传力度等措施，进一步推动江苏社区教育发展。

第一节　特色、品牌与经验

一、从基础建设转向内涵建设

2017—2019 年三年来，全省各地在逐步完善社区教育硬件设施的基础上，不断加强社区教育软实力，从制度建设、资源整合、课程建设、队伍建设等方面，深化社区教育内涵建设。

政府主导是江苏省社区教育发展的一个基本经验。坚持政府主导，把

政策引领、统筹布局作为推进社区教育发展走在前列的重要前提。三年来，在省委、省政府的领导和推动下，各级地方党委、政府把发展社区教育作为社区建设和教育发展的重要内容，摆上党委、政府工作的议事日程，加强组织领导和工作指导。不少地区成立由党委、政府领导任正、副组长，教育、宣传、民政、工会、妇联等部门共同参与的社区教育工作领导小组或者指导委员会，统筹、协调本地社区教育的发展规划和政策措施，教育部门明确专门机构和人员负责社区教育的日常管理和业务指导，初步形成“党委领导、政府统筹、教育部门主管、相关部门配合、社会积极支持、社区自主活动、市场有效介入、群众广泛参与”的社区教育协同治理体制。

加强法规制度建设，为深化社区教育发展营造良好的制度环境。2017年，江苏省教育厅等十一部门联合发布的《关于加快发展社区教育的实施意见》，从顶层设计上做了江苏社区教育向内涵建设推进的部署。江苏省社会教育服务指导中心进一步规范、完善社会教育制度建设，连续出台一系列关于社会教育的文件。全省各地也纷纷出台推进社区教育发展的意见、办法和措施，如镇江市政府把社区教育纳入镇江市经济和社会发展规划，常州市教育局出台相关文件为社会教育发展提供制度保障。

社区教育课程是开展社区教育的重要载体之一。各地在开展社区教育工作过程中逐渐认识到社区教育课程建设的重要性，不断发展和完善社区教育课程体系，努力建设符合社区教育实际的地方课程和活动资源。江苏省社会教育指导服务中心发布《社区教育课程建设指导意见》，对社区教育课程体系进行了一系列规范，同时开发一批主题为“江苏文化名片”的社区教育资源，“江苏学习在线”资源库收集有 4 万多个社区教育视频。全省各级社区教育机构通过自建、共建、购买等方式，建设了一批内容丰富的数字化学习资源。

社区教育发展的关键是拥有一支高素质、相对稳定的专兼职结合的社区教育队伍。三年来，江苏各地通过配齐、调整和充实，初步建成一支以专职人员为骨干，兼职人员和志愿者为依托的社区教育管理队伍和教师队伍。根据省教育厅的总体安排，省社会教育服务指导中心对社区管理人员及教师开展了每五年为一周期的轮训，每年举办五六期面向全省社区教育师资队伍、管理人员培训班。三年培训人数累计超过 3 000 人次。各地也通过专题讲座、集中培训、工作研讨等方式，提高社区教育工作者的业务素质和工作水平，不断满足全省社区教育事业发展的人才需求。

在开展社区教育工作的过程中，各地坚持理论研究与实践探索相结合、项目建设与内涵发展相结合的思路，深入开展社区教育科研工作。三年来，由江苏省社会教育服务指导中心设立的“江苏省社会教育规划课题”，重点以上课题立项 11 项、一般课题立项 188 项，并围绕学术规范、课题申报、论文写作等主题开展专题培训。各地依托市社会教育服务中心、市终身教育学会，出台科研管理办法，组织课题申报，立项市级课题，指导课题研究，开办科研写作培训班，不断提升科研水平。

二、 开放大学领军，“一体两翼”推进

作为一所新型大学，江苏开放大学以开放的教育理念，坚持服务全民终身学习、构建学习型社会，为满足广大人民群众对美好生活的向往而提供教育支持服务。在省教育厅的指导下，江苏开放大学不断提升在全省社区教育中的整体协调与服务能力，同时加强对各级开放大学社会教育工作的督查指导，强化组织建设与能力保障，以基地建设、品牌打造、资源建设、平台搭建为推手，以项目化推进为抓手，强化整体联动，协作发展。

2017—2019 年三年中，江苏开放大学策划、推动一系列社区品牌项目建设，如江苏开放大学学习苑、省级游学基地、学习体验基地、名人名师工作室建设等，创新社区教育开展方式，深化社区教育内涵建设，提高社区居民参与度。在资源建设方面，江苏开放大学着力打造主题为“江苏文化名片”的系列课程，三年来共建设“江苏红色文化经典”“江苏文学艺术”“江苏戏曲文化”“江苏饮食文化”“江苏非遗文化”等专题系列微课，通过系列专题教学片的形式来展示江苏的文化资源。学校利用办学系统和教学资源优势，主动承担社会责任。根据省教育厅要求，学校组织开展“东西对接，南北联合”项目，与陕西省、青海省、贵州省三省的广播电视大学积极开展对口协作，共同开展社会教育的理论研究和实践探索，开创区域间社会教育事业协

调发展的新局面。

各级开放大学越来越多地承担起社会教育的"龙头"使命，在推进社区教育中积极发挥统筹协调功能，不断拓展社区教育阵地，积极引进优质教育资源，扩大社区教育有效供给，推进社区教育的平台建设、资源建设、项目实施、理论研究、推广服务等，全面提升开放大学服务社区教育的能力，使社区教育网络体系高效运转，从而指导、带动区域社区教育的发展。苏州工业园区开放大学组织开展的"公益课程进社区"项目，弘扬传统文化，在居民中引起热烈反响，深受大众喜爱。武进开放大学联合金东方颐养中心，送教进入养老社区，根据老年人的需求精心设计，为他们量身定制课程，打造"养教结合"特色品牌。扬州开放大学整合学校、政府资源，助力"沿湖村"转型发展，开展送教入村、专家入户等活动，帮助村民解决实际问题，将昔日落后的小渔村打造成了以"渔文化"为主的休闲旅游度假村，为服务乡村振兴提供示范案例。宿迁开放大学利用自身优势，与京东公司合作成立京东电商学院，提出"互联网+农产品营销"思路，开设农村电商培训班，培养了大批农村电商人才，帮助更多的农村百姓奔向富裕之路。

作为江苏省社会教育的主要指导和协调单位，江苏省社会教育服务指导中心与江苏省成人教育协会已经形成江苏省教育厅指导下的社区教育"两翼"。江苏省成人教育协会利用各市级协会，于 2017—2019 年组织开展了全国社区教育示范街道（乡镇）申报与评审工作，举办了江苏省教育服务"三农"高水平示范基地负责人培训班，开展了省成人教学协会"十三五"课题立项研究，实施了"中青年学术激励计划"系列活动，举办了"美蕴秋歌——社区教育文艺成果"遴选、展演活动，协助举办全民终身教育学习周活动，为推动全省成人教育改革发展、建设学习型江苏做出了积极贡献。

三、特色品牌打造初显成效

社区教育品牌是社区教育管理和实施部门向社区居民长期提供的能识别、有特色的、形象化的产品与服务，是在一定区域范围内具有社会影响力和公众认可度的社区教育活动、项目、课程等。江苏文化底蕴深厚，地域特色明显。2017—2019 年三年中，各地深入挖掘区域文化，依托社区教育机构，整合各类资源，打造社区特色品牌，推动了社区教育发展，并取得了良好的社会效益。

江苏省教育厅对品牌建设给予高度重视，2019 年发布《江苏省教育厅关于开展社区教育基础能力建设项目申报工作的通知》，在全省范围内评选出"苏州工业园区公益课程进社区惠民项目""南京金陵学堂""睢宁县万人电子商务培训项目"等 16 个品牌，予以立项建设，计划利用三年时间打造成全国品牌。

"苏州工业园区公益课程进社区惠民项目"作为立项品牌项目，课程体系设计科学，课程遴选符合居民的实际需求，课程对象做到全覆盖。项目拟建设百门公益微课程，讲述百例榜样故事，打造园区社区教育课程名师工作室，形成园区课程品牌效应。

常州市创建的省级社区教育立项建设品牌项目"社区教育特色项目工作室"，将社区教育特色项目工作室的建设作为深入推进社区教育工作，促进社区教育资源集聚、人员提升、服务居民的载体与抓手。特色项目工作室共建有 31 个，开发了 306 门课程，培养出 500 名社区教育教师，"送教进社区"4 000 余次，受众人数超过 50 万。特色项目工作室的建设，创新了社区教育发展平台与机制，培养了优秀社区教育师资队伍，加强了社区教育资源的整合与利用，促进了区域社区教育的内涵发展。

扬州市建设的省级社区教育品牌"乐学竹西"，以"乐学竹西"为统领，以"乐文竹西""乐艺竹西""乐动竹西""乐善竹西"为主要模块，突破传统社区教育正襟危坐式的学习方式，将学习课堂延伸到居民家庭和生活之中，通过丰富多彩的课程或活动，引导居民加强终身学习。2017 年竹西街道被表彰为"中国学习型街道"，2018 年竹西街道社区教育中心被评为"江苏省社会教育先进集体"。

2017—2019 年，在全国全民终身学习活动周上，江苏共有 30 项社区教育品牌获得表彰，其中"金陵学堂"等社区教育品牌项目被评为"特别受百姓喜爱的终身学习品牌项目"。这三年，在省全民终身学习活动周上共有 117 个省社区教育品牌获得表彰，这些品牌项目在政府支持引航下，充分展现全省社区教育水平，凸显地方特色与历史文化，以社区讲座、线上学习、应用体验、实训指导、综合实践等多种形式，满足不同类型群体的学习需求，充分实现教育与社会的融合，服务地方社会经济发展。

南京市以推动全民终身学习活动为契机，市教育局联合市成人教育学会持续培育“百姓喜爱的终身学习活动品牌”，建设一批具有良好示范作用的品牌项目。南京市农业科技教师讲师团作为“全国特别受百姓喜爱的终身学习品牌项目”，以服务“三农”为宗旨，按照“农民出菜单，街镇成人教育学校编制菜单，区县教育局汇总学习单，讲师团接教学单，最后政府买单”的工作机制，持之以恒深入农村，为农业增效、农民致富提供技术培训和指导。

扬州开放大学联合邗江区方巷镇政府、方巷镇社区教育中心，共同打造沿湖村“渔乐渔学——最美渔村游学”社区教育特色品牌项目，学校各学院送教上门，手把手帮助渔民致富，使落后的渔村发生了积极的变化。沿湖村获得国家级“最美渔村”“江苏省最美乡村”和江苏省首批省级游学基地项目等荣誉称号。2017 年 3 月中央电视台《新闻联播》对沿湖村聚焦报道。2018 年 2 月 14 日沿湖村更是直接走进央视新闻直播间，给全国人民拜年。

第二节　发展中存在的问题

一、教育“短板”依然严重

与基础教育、职业教育和高等教育相比，江苏的社区教育仍长期处于教育的“短板”，相对学校教育和家庭教育而言，社区教育受重视程度依然不够。一些市、县区、乡镇、街道在经费使用、办学场所、设备投资以及队伍组织、资源开发上存在缺失，影响社区教育的教学效率和质量。社区居民对社区教育的认识不足，认为社区教育就是举办各种文体活动，参与社区教育的积极性不高，对社区教育的认同感不强，对社区教育的满意度不高。

社区教育是学校、家庭、社会共同融合的教育，要转变居民对社区教育的认识，需加大舆论宣传和引导力度，广泛开展终身学习思想、社区教育理念的宣传活动，使居民了解和接受社区教育，树立终身学习观，形成人人学习、处处学习、时时学习的良好氛围，加速推进学习型社会的建设。

二、 体系运作机制不完善

江苏虽已建立社区教育五级网络体系，但体系内部联系不够紧密。全省尚未形成统一领导的社区教育多部门协同联动机制，一些部门间依然是各管一线，条块分割，相互间沟通不畅，信息不明，导致社区教育的管理方式、力度、范围、目标不统一，缺乏相互联系，不能对各种教育因素加以有效整合，工作效率不高，没有形成强大的社区教育合力。

三、 区域发展不平衡

由于江苏各地社会经济发展不平衡，加之各地政府对社区教育重视程度和投入程度不同，导致全省社区教育发展呈现不平衡状态。整体来看，城市社区办学条件较好，区域基础设施全，推动力度大，经费投入充足，社区教育发展就相对出色，成效更为明显。苏州、无锡、常州、南通等地社区教育发展水平较高，镇江、扬州发展后劲较大，而苏北地区差距明显。硬件设施投入情况，有的乡镇（街道）、社区（村民）教育缺乏阵地，或者阵地面积小、条件差，氛围不浓，群众参与意愿低。农村社区教育机构规模小、人员编制少、活动经费少，事业发展总体较弱。例如，盐城市大丰区 2017 年区财政安排 27 万元下拨到社区教育，各乡镇按照常住人口人均 0.5 元安排教育经费，合计人均经费不足 1 元。缺乏资金投入，很多社区工作都无法开展，农村社区教育滞后的状况难以得到根本改善。

四、队伍发展不稳定

由于我国高校尚未开设与社区教育直接相关的专业，使得社区教育人才的培养缺乏正规渠道。目前在乡镇从事社区教育的人员多是从“普教转岗”而来的小学或中学教师，甚至部分已“年老体弱”，既缺乏对社区教学特点和规律的了解，且尚未完全具备从事社区教育教学的素养和能力，又对社区教育工作认识不足，创新动力不够。

由于培训体系缺乏、专业发展经验不足，社区教育队伍无论是数量和能力，还是知识结构方面都不够，这限制了社区教育事业的发展。甚至还有部分辖市（区）的社区教育专职管理人员和专职教师配备不足，年龄结构不合理，专业素养不高。

影响队伍发展不稳定的因素还有激励机制不完善，更使社区教育教师工作积极性和主动性未能得到充分发挥。较为突出的矛盾是社区教育教师评定职称难以独立，多数市（区）的社区教育教师的职称评审和中小学教师职称评审捆绑在一起，或与职业教育教师捆绑在一起，标准与要求不一样，职称评审的难度大，使得许多教师职称得不到晋升，造成在开展社区教育工作中缺乏奋斗的积极性和主动性。

五、社区教育研究能力不足

2017—2019 年，江苏各地在课题立项、文章发表、论文获奖的数量上有了一定的提升，但其研究成果质量并不高。从立项课题来看，绝大多数课题都是省市级课题，缺少关于社区教育的教育部乃至国家级课题。大部分论文发表在各地发行的终身教育、社区教育杂志或内刊上，少有文章发表在核心期刊上。研究成果质量不高的背后体现的是社区教育研究队伍的科研能力不足，缺乏科学研究意识，缺少进行科学研究所必备的理论知识和方法论基础。不少社区学院和社区教育中心的工作者是中小学教师，尚未对社区教育形成专业认识，更没有建立完整的社区教育知识体系。现有的社区教育教师队伍缺乏宽阔的研究视野，对国内外社区教育发展状况了解甚少，更缺少扎实的研究基础和系统研究的思维。

六、宣传力度不够

宣传工作是社区教育工作中具有基础性、导向性的工作之一，它渗透到社区教育工作的各个领域和各个阶段，既服务于社区教育的各项工作，对其进行全方位的实时宣传，同时又可以对各项工作进行总结、提炼和升华。

各地政府对社会教育宣传工作的重要性认识存在偏差，对社区教育宣传的重视程度不一，往往认为宣传工作是上级下达的硬性工作指标，没有认识到社区教育宣传工作对建设学习型社会的重要意义。各级社区教育机构囿于时间和精力限制，其活动情况和活动效果并未得到及时有效地报道和宣传。加之能力不足、素质不高，直接影响了社区教育成果的宣传效果与示范推广效应。

第三节　发展的对策及建议

一、加强顶层设计，提升供给能力

1. 完善制度体系

加强社区教育立法工作，做好社区教育顶层设计，为社区教育事业发展解决好制度层面的问题，是社区教育发展的首要任务。尽快启动江苏省终身教育和终身学习的立法程序，通过立法明确各主体职责，包括领导机构及其职能、各类主体在社区教育中的职责，确立社区教育发展的各项保障，建立社区教育多元化投入体制，形成社区教育人员保障机制。同时，以立法来确立社区教育的规范标准和监管机制，实现以评价监督机制来推动专业化发展的目标。

各地应进一步建立、健全社区教育制度体系，结合自身发展情况，做好制度的完善与配套工作。健全社区教育常规管理制度，如联席会议、调查研究、督查制度，以保障社区教育机构的正常运转和职能发挥。

2. 完善社区教育考核机制

强化社区教育考核、督查机制，加强社区教育管理，提高社区教育办学水平，促进社区教育规范化发展。一是对政府职能部门进行考核，将各地的社区教育工作纳入全市社会发展考核指标，制订和完善“基于政府目标的社区教育考核制度”等考核、督察制度，形成工作机制，推动地区社区教育工作不断向纵深发展。二是社区教育形成综合评价制度，将社区教育活动开展及成效、社区教育基地建设及成效、品牌建设及成效相结合，进行综合测评。三是加强指导，规范办学，奖励先进，激励后进，将社区教育从过去侧重基础能力建设转向侧重内涵发展、综合能力提升与品牌化、特色化建设。

二、 深化内涵建设

1. 推进教育队伍专业化发展

社区教育的队伍建设是推进社区教育发展的关键所在。各辖市（区）努力通过各种措施，配齐社区教育专职管理人员和专职教师，确保社区教育工作有专人负责和实施。发展一批年富力强、经过专业训练的人员，充实到社区教育工作行列中来，优化社区教育工作队伍年龄结构，提升教师队伍专业素养。市开放大学、社区学院定期组织举办社区教育工作者培训班，加强对社区教育工作人员各项业务能力的培训，适时组织社区教育工作人员到社区教育工作开展得比较好的街道、社区进行考察学习，提高社区教育教师队伍的专业化水平。

建立完善的社区专职教师考核评价体系，明确社区教育教师资格认证标准，完善专职教师立法保障机制，加强教师培训，提高教师各项待遇，打通教师晋升渠道，使社区教育专职教师由“职业”转向“专业”，为社区居民提供专业化的教育服务。

2. 构建完善的社区教育资源共享共建服务体系

积极探索建立更加完善的社区教育资源共享共建服务体系。充分发挥政府的主导作用，协调地方高校、企业行业培训机构、群团组织积极参与到社区教育中，共同开发资源，实现各级网站教育资源共享。依托省、市社会教育服务指导中心，统筹规划、充分发挥体系内各个层级的优势，分工合作，构建资源服务体系，指导建设富有区域特色的实用资源。鼓励支持社区学院和社区教育中心立足于社区、居民，分析把握、区别对待城区、城郊、乡镇、农村、企业等不同社区与居民的现实性和发展性需要，确定资源开发方向，自主开发地方特色资源。引导区域之间形成资源建设合力，共同打造资源品牌，优化区域间资源建设和配置，成立资源建设组，组建建设团队，积极促进资源整合共享，努力建立数字化学习服务体系。

3. 打造特色品牌

品牌建设是社区教育从项目化向深度发展的重要标志和抓手，社区教育品牌建设应以本土特色为基础，以居民的教育需求为切入点，结合社区现有资源，构建完善的创建和管理机制，积极推动社区教育工作深入发展。

三、 深化理论研究，提升研究质量

一是健全和完善科研制度。各地要建立、健全、完善社区教育科研制度，为社区教育研究创造有利条件，保障和激励研究者开展社区教育研究。

二是强化学术研究氛围。良好的科研氛围是促进社区教育研究发展的重要保证。营造良好的科研氛围，需要从科研人员的科研观念、学术风气营造、科研经费保障等方面着手。各地市要积极加大科研经费支持力度，鼓励研究者进行课题研究，通过组织社区教育论坛、科研沙龙、专题研讨等各种形式的科研活动，搭建研究平台，促进对话交流，为社区教育研究者营造良好的研究氛围。

三是组建高水平研究团队。组建科研团队是促进科研提升的重要路径。积极吸纳相关高校教师，增强社区教育研究实力，建立一支由开放大学教师、社区学院教师以及高校教师组成的研究团队，不断提高社区教育研究水平。

四、扩大宣传力度

社区教育工作要紧紧围绕区域中心工作，不断适应时代需求，牢牢把握宣传导向，扩大宣传工作的凝聚力、吸引力和影响力，为社区教育各项工作顺利开展提供强有力的思想保证、精神动力和舆论支持。

首先，搭建内宣平台，营造市民终身学习氛围。各地应不断完善社区教育宣传平台，全方位、多途径及时地向社区居民传递社区教育服务信息，完善社区教育服务网络，营造市民终身学习的氛围。

其次，借助各级各类外宣媒体，扩大社区教育影响力。在抓好社区教育常态宣传工作的同时，更要注重开展深层次的专题宣传活动，对社区教育各项工作、创新举措、特色活动、成功案例进行总结宣传。

最后，建立社区教育宣传奖励制度。充分调动各方面参与调研、参与信息及新闻宣传工作的积极性，更好地宣传社区教育工作所取得成就及经验，外树形象，内鼓干劲，努力营造干事创业的浓厚舆论氛围，助力社区教育工作再上新台阶。

第二部分

特色案例

学习组织与平台

养教联动银光课堂

一、 项目背景和基本情况

我国已经进入老龄化社会，据国家统计局发布的老年人口最新数据显示，截至 2018 年末，我国 60 周岁及以上人口达 2.49 亿人，占总人口的 17.9%，江苏老龄化程度现居全国第三，常州市武进区老龄化程度更是远超全国水平。针对人口老龄化问题和老年教育现状，在全民终身学习理念引领下，2017 年 3 月，江苏开放大学、武进开放大学与金东方颐养中心三方联合共建“养教联动”示范基地，打造和培育“养教联动银光课堂”品牌项目，将老年教育从学校延伸到养老机构、养老社区和居民身边，构建适合老年人群生活、学习的一体化生态学习圈。

图 1　“养教联动”示范基地揭牌典礼

二、 主要内容

"养教联动银光课堂"立足于服务金东方社区老年居民,依托学校教师和资源,聘请社会各行业专家,按学期开设课程,每学期6—9门,每周一至周四每天至少一门课程,每次课程时长约100分钟。学校不定期举办专题讲座、体验学习活动、志愿服务活动等,年培训2 000余人次。目前在学1 200余人次,结业3 000余人次。

(一) 灵活多元的教学模式

"养教联动银光课堂"采用五大教学模式:第一,送教上门,把优质教学资源送进金东方,送进"养教联动银光课堂",建成老年人家门口的大学;第二,整合社会资源,通过"能者为师"工程招募学校优秀教师和社会精英,组建"养教联动"讲师团,优化社区教育师资资源库;第三,借助"学分银行"形式,打破现行国民教育与终身教育的壁垒,"养教联动银光课堂"招收的老年学员以非学历教育为主,对有需求、有条件的老年学员开展学历教育,所学学历课程的学分计入江苏省终身教育"学分银行",实现非学历教育与学历教育融通;第四,"线上""线下"相结合,"养教联动银光课堂"老年学员利用江苏学习在线站群、QQ群、微信群等综合性学习平台进行"线上"学习、远程学习,通过面授、讲座、参观、展演、游学等方式接受"线下"教育;第五,"四师一体"模式,即由开放大学提供"学务导师"和"课程导师"等师资,社区、养老机构等专门聘请养老服务咨询师和心理健康咨询师,为老年学习者提供学习、养生、保健、娱乐等一体化学习支持服务。

(二) 贴近学员的教学设计

"养教联动银光课堂"的教学设计采用"四个结合"原则:第一,与老年学员的兴趣点相结合,摆脱传统课堂教学的束缚,走出去、动起来,采用体验式、互动式教学,让学员动手、动脚、动脑、动心,全身心地参与,长知识、提品位、养性情、悦身心;第二,与金东方自有协会组织相结合,组建学习共同体,让课堂内容延伸到课后,以志趣为友,同学互助,共同进步;第三,与地方特色资源相结合,从狭小的教室走向广阔的自然空间,如"家庭养花"课程充分利用附近的全国花木之乡——夏溪，进行现场参观教学，开辟土壤种植蔬菜和花草，实现实地教学；第四，与游学项目相结合，推进老年教育与社区教育的深度融合，找到项目与项目之间的结合点，相互碰撞、相互融合、相互渗透、相辅相成，达成“1+1>2”的效果。

图2 “养教联动银光课堂”老年学员到礼嘉牡丹园游学

（三）量身定制的特色课程

“养教联动银光课堂”的课程设计按照居民需求进行量身定制，通过“走进去”的形式，走进金东方社区，走到老年居民中间，以现场教学研讨、座谈及个别访谈等形式，研究老年学员特点，根据他们的需求设计研发课程。目前已开发文化生活、信息技术、艺术健身3大类100余门特色课程，并编印成武进开放大学《社区教育课程》教学材料。

“养教联动银光课堂”注重贴近金东方社区老年居民的需求，既重视科学知识的传播，又重视精神文明的渗透，形成《社区教育课程》汇编2期、《社区课程讲义》汇编3期，撰写社区教育读本《家训文化》《手工编织精美图案集》《手工串珠经典案例》《手工包的制作》等，其中戴菊伟老师开发的《家训文化》读本在“2017年常州市社区教育特色项目”评选活动中获得一等奖。

图 3 “养教联动银光课堂”老年学员学习制作手工包

金东方老年居民每学期从资源库中看单点课，开班上课。2017 年春季班，开设了手工包制作、英语口语初级、英语口语中级、智能手机应用、数码照片处理、家庭养花、乒乓球、太极拳、八段锦 9 门课程。其中，红楼梦讲堂、中国舞、手工制作、智能手机的应用等课程深受老年居民的喜爱。

“养教联动银光课堂”的老年学员还通过“江苏学习在线”的网上学习资源，选择自己感兴趣的内容进行学习。学校利用微信公众号，开设社教专栏《社区教育知识窗》，编辑健康、养生、家庭教育、休闲、娱乐等内容，不定期推送给老年学员，让他们利用闲暇时光获取知识。

三、 案例成效及影响

“养教联动银光课堂”以服务老年居民终身学习为宗旨，以提高老年居民幸福指数为目标，通过两年多的探索与实践，品牌引领示范效应逐步扩大，由点及面辐射周边社区乃至整个江苏。其社会影响力日益提升，获得了人民网、新华网、中国江苏网、《消费日报》、《武进日报》等多家媒体的相继报道。作为“江苏社会教育品牌介绍”组成部分，该项目在全国社区教育研讨会上进行展播，吸引国内外多家单位或团体前来参观学习考察。

“养教联动”基地的老年教育工作不断深化，“养教联动银光课堂”项目获得“江苏省社会教育（教学）成果奖”二等奖，武进开放大学先后获得“江苏省青年志愿服务事业贡献奖”“江苏省社会教育百强单位”“江苏省社会教育先进集体”“常州市全民终身学习周最佳组织奖”等荣誉称号。

构建志愿导学新平台，促进学习型社区建设

一、项目背景和基本情况

随着经济社会的发展，许多家长外出务工，留守儿童增多，这给社区教育带来了新的课题。镇江市丹徒区宝堰社区辖区内的 1 200 多名中小学生源遍及全镇近 40 个自然村。全镇学生集中在一所小学、一所中学读书，路途较远的学生每天放学就必须乘坐“接送学生上下学”的车辆回家，这给学生完成作业、教师进行课业辅导带来了困难。尤其是学生节假日在家，缺少了父母的监督，爷爷奶奶的娇惯使得学生对学习越来越松懈，学生完不成作业的现象也越来越多。在外地打工的家长担心孩子学业成绩下降，所以越来越多的家长渴望孩子能得到教师更多的关心，特别是学业的辅导。在这种情况下，社区教育中心提出了把导学送到社区去、送到学生家里去的“志愿导学进社区”活动设想。

二、主要内容

（一）建立“志愿导学进社区”领导小组

宝堰社区教育中心成立以社区教育中心主任为组长，副镇长、文教助理、成教校长、中学校长、实验小学校长为副组长，社区教育中心成教人员以及志愿者教师队伍为组员的“志愿导学进社区公益活动”活动领导小组。进一步整合社区内中小学、幼儿园、关工委、老年体协、文化站、各社区居民学校、古镇文化艺术团、书法协会等教育行政部门、镇政府下属单位及民间团

体等教育资源以促进活动开展。

（二）健全志愿导学队伍

通过网络调查、问卷调查、入户走访、电话访问等多种调查方法，了解社区内留守儿童、青少年的学习、培训需求，建立志愿者队伍档案。扩大宣传，通过报纸、电台、电视台、互联网等媒体，宣传志愿服务的理念，弘扬志愿服务精神，树立教育志愿者服务品牌。

突出加强志愿者队伍党建工作，教育志愿者队伍必须发挥好党员志愿者的核心作用。发挥先进性的长效机制，使党员教师成为教育志愿者的骨干力量。社区教育中心有计划地对志愿者进行培训，加快志愿者队伍的专业化进程。以专业化建设为目标，对教育志愿者实行分层、分类、分级培训，使教育志愿者队伍建设更适应社会需求。

图1　志愿者开展志愿导学活动

建立激励机制，保证社区教育志愿者工作可持续性发展。中心对优秀教育志愿者和优秀教育志愿者组织实行激励和表彰机制。首先，健全荣誉管理制度。由中心建立和完善志愿服务社会评价体系，建立教育志愿者星级认证制度，依据教育志愿者服务时间和业绩定期评定。其次，由镇政府和教育局按照有关规定和程序，表彰、奖励志愿服务成绩突出的单位和个人。

依托各个社区建立的社区居民学校，设立了 6 个大村校外辅导站，这样各社区所辖的周边自然村的学生就可以进入辅导站接受辅导了。

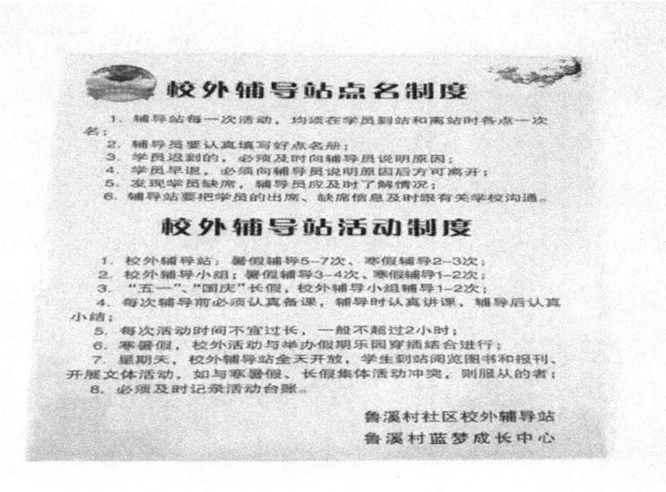

校外辅导站点名制度

1. 辅导站每一次活动，均须在学员到站和离站时各点一次名；
2. 辅导员要认真填写好点名册；
3. 学员迟到的，必须及时向辅导员说明原因；
4. 学员早退，必须向辅导员说明原因后方可离开；
5. 发现学员缺席，辅导员应及时了解情况；
6. 辅导站要把学员的出席、缺席信息及时跟有关学校沟通。

校外辅导站活动制度

1. 校外辅导站：暑假辅导5–7次、寒假辅导2–3次；
2. 校外辅导小组：暑假辅导3–4次、寒假辅导1–2次；
3. “五一”、“国庆”长假，校外辅导小组辅导1–2次；
4. 每次辅导前必须认真备课，辅导时认真讲课，辅导后认真小结；
5. 每次活动时间不宜过长，一般不超过2小时；
6. 寒暑假，校外活动与举办假期乐园穿插结合进行；
7. 星期天，校外辅导站全天开放，学生到站阅览图书和报刊、开展文体活动，如与寒暑假、长假集体活动冲突，则服从前者；
8. 必须及时记录活动台账。

鲁溪村社区校外辅导站

鲁溪村蓝梦成长中心

图2　校外辅导站制度

借鉴复制教学经验，将小学生分成低、中、高三个年段，中学为一个年段，每个年段按学科安排老师。在课程编制中，将“大课程表”和“小课程表”有机结合，提高辅导效率。大课程表即根据学科编制的单一性课表，也就是当天辅导的某门学科，在辅导时段中，老师针对该门学科进行专门辅导；小课程表即根据年段编制的学科综合性课表，并将辅导时段分成三段，每20分钟一段，分别开展珠心算、汉语拼音、计算等专项训练，以及语数外等学科家庭作业的辅导。相对于学校课程表，社区导学课表更加灵活。

三、 成效及影响

“志愿导学进社区”活动的开展，让教育回归生活，旨在改善民生，所带来的社会影响是显而易见的。每次活动，家长们将孩子送到各辅导点，有的全程目睹了志愿者老师的辅导过程，志愿者老师们放弃休息时间，无偿为孩子辅导的精神感染着每一位家长。在“严禁有偿家教”的大背景下，社区教育中心组织协调整合社区内各个教育资源开展的志愿导学进社区活动，重塑教师形象，为办人民满意的教育树立了一个良好的口碑，同时也为促进宝堰镇学习型社区的建设构建了新的平台。

图3　关爱留守儿童

“志愿导学进社区”活动的开展，促使社区志愿者更专心于“留守儿童”教育问题，更加关注社区工作的发展，也使更多的家长、学生在活动中受益，这不仅推动了社区教育工作的开展，也促进了家庭、学校、社区的联动。活动开展以来，参与志愿导学的退休教师20人，占退休教师总人数的23%，在职教师中有35人报名成为导学志愿者，占教师人数的51%，各辅导站有近80%的学生接受过志愿导学的辅导。

“志愿导学进社区”活动的开展，是一种以社区教育为逻辑起点的、对“农村教育与农村建设的关系”的价值倡导、价值呈现、价值遵循的成功尝试。现在，宝堰镇社区教育中心各辅导站点已经初步形成了“要学、有学、优学、乐学”的学习氛围，为进一步建设宝堰镇学习型社区打下了坚实的基础。

图 4　“志愿导学进社区”活动现场

“志愿导学进社区”活动的开展，是一种基于青少年成长的“社区教育与学校教育的合流机制”进行的、具有原创性的实践探索，是一种社区教育直指当前农村普遍存在的“留守儿童”教育问题的责任与担当。

“志愿导学进社区”活动是一项面向群众举办、吸纳群众参与、赢得群众支持的开放性教育活动，对于改善民生、促进社会和谐、提升群众的精神文化和生活品质，消除不和谐因素、实现人民幸福有着重要价值和启示作用。志愿导学活动曾被评为镇江市“十大教育工程”亮点之一，志愿导学活动的事迹曾被《镇江日报》《扬子晚报》《江苏教育报》等刊登报道。

“瑞文有约”社区行　心灵之窗守护者

一、项目背景和基本情况

当今社会，心理健康已成为影响人们生活品质的一个重要因素。常州市天宁区特色教育品牌项目“瑞文有约”社区行结合王瑞文家长学校多年积累的家庭教育理论，以及家庭教育中出现的种种实际问题，通过开展个体家庭心理疏导、团体心理干预和社区上门服务等活动，为所需家庭成员和患者提供专业的心理服务，还采用团体的形式在心理和生活上相互支撑、拓展生活空间。2012年成立的“常州市天宁区瑞文心理工作室”，是一家4A级社会组织，有专职心理咨询师9名，以“点亮心灯，解开心结；认识自我，助人自助”为活动宗旨。2016年4月常州市社区教育“瑞文有约”社区行项目成立，2017年9月“瑞文有约”社区行获得全国“社区教育品牌项目”称号。自2017年以来，工作室定期为社区居民义务举办心理讲座、进行心理辅导、提供心理援助，其中包括助老、助残、助孤、济困、家庭教育及青少年心理服务等公益项目。

二、主要内容

1. “心语馨港，青春护航”，关注未成年人健康成长。社区行项目针对辖区居民在未成年人教育中普遍存在的问题，如家庭教育方法不一致、忽视品德教育等，利用居住在本社区的热心专职心理专家资源，组建“心语馨港”未成年心理健康社区教育服务团队，重点关注青少年的心理健康，开展具有针对性的教育活动。以“心语馨港，青春护航”为主题，把心理、家教知识系统地编排成七个篇章的主题课程，分为总论篇、品行篇、心理篇、学习篇、社交篇、性教育篇、生理篇共43节课，以一年为一个周期循环授课，2017—2019年受益群体人数已达5 000人次。

2. “画中音，画中意”，艺术疗法促进残疾人心理健康。社区中的残疾人除了要面临如何自立、就业、成立自己的家庭等一系列问题，同时还要承受很大的心理压力。这些问题导致残疾人的生活比正常人要艰辛，心理更容易出现问题，严重者会出现抑郁症状，甚至自杀。工作室针对残疾服务对象进行筛选和评估，筛选出适合参加艺术治疗活动的人及其家属，用各种量表进行评估，作为分组和制订治疗方案的依据，通过各种艺术表达和创作，展开积极地心理治疗。治疗结束后，用各种量表对残疾人及家属进行疗效评估，为以后的治疗方案提供借鉴。

图1 “画中音，画中意”

3. 智慧妈妈培训与沙龙。面对孩子成长过程中出现的种种问题，如怎样培养孩子形成健全人格、怎样培养孩子养成良好习惯等，以及由教育过程中带来的孩子心理、行为和情绪问题，许多妈妈都深感困惑，这是开展智慧妈妈培训的初衷，此培训开展后，得到积极响应，2017—2019年受益群体达1 000人次。智慧妈妈沙龙，采取授课与团体辅导相结合的形式，每周（固定在星期六上午9:30—11:30）开展一次智慧沙龙活动，一年为一周期，每年度安排43次活动。全年安排36次微课程，开展家庭教育情景微分析，对妈妈和孩子互动问题较为突出的家庭进行个体辅导；经过筛选的20户家庭，运用“情景微分析”技术，进行专业辅导。

4.“清源固本”于无声处育朝阳，促进儿童心理健康发展。与常州市局前街小学教育集团华润小学合作，针对低年级孩子及其父母开展活动，提升孩子的心理健康水平，改善父母的家庭教育方式，提升家庭教育技巧。“清源固本”活动共开展了8期系统培训课程；分别针对孩子和父母进行团体心理辅导共计10次；对有需求的家庭提供个案咨询或家庭干预治疗。

图2　家庭教育——“清源固本”于无声处育朝阳

5.“耆艾悦享，晚霞竞辉”，关注老龄妇女心理健康。茶山街道同济桥社区的60岁到70岁的妇女，这个群体的主要问题在于家庭教育理念落后、缺乏关爱、心理健康水平较低、现代化生活技能的匮乏。通过项目实施，为她们提供针对身体及心理的体检、心理健康知识的科普、心理健康服务、家庭教育理论的更新、生活知识和技能的学习等。建立服务联系卡，方便老人与工作室老师联系；开展身心健康体检，包括了身高、体重、血压等身体检查，利用老年人临床评定量表（SCAG）和按需使用简易智力状态检查量表（MMSE）或老年抑郁量表（TGDS）进行测评；每季度开展一次心理健康讲座；针对老年人的特点开展家长沙龙；对于有需要的老人开展个体心理咨询；开展老年编织课、手机微课、书画课、插花课等系列课程，进行“指尖上的教育”。

图 3　指尖上的教育——“耆艾悦享，晚霞竞辉”

6. “数中有术,术中有数”家长课堂,关注家庭教育。针对在家庭教育方面有困难的父母,社区给予他们有效的家庭教育知识培训,以提高家庭教育质量、改善家庭氛围、提升家长的心理健康水平等。每周六上午 9:30—11:00,王瑞文家长学校开设“数中有术,术中有数”家长课堂,全年共 36 次,每周讲解一课(30 分钟),然后在接下来的一个小时时间里,进行家庭教育答疑及互动沙龙。记录员建立家庭教育微信群,每周固定时间由工作室老师主持,解决家长提交的在家庭中遇到的家庭教育困难以及对于知识运用技巧方面的疑惑;针对问题突出的家庭开展家庭情境微分析;并将修整过的“数中有术,术中有数”家长课堂正式汇总编辑成册。

图 4　家长课堂“数中有术，术中有数”

7. 与钟楼区检察院合作，针对涉案未成年人的心理干预项目。为落实我国刑事诉讼对涉案未成年人“教育、感化、挽救”的方针，切实帮助涉案未成年人修复社会关系，回归正常生活。此项目与钟楼区检察院连续合作多年，以“接纳、尊重、连接”为主题，对被判处缓刑的社区矫正未成年人进行心理辅导，鼓励其正视过往，重新开始；对于因年龄较小或情节尚不构成犯罪的未成年涉案对象，通过心理干预，激励涉案未成年人亡羊补牢，防微杜渐。工作室成立涉案未成年人干预小组，在对涉案未成年人进行专业心理量表测评的基础上，由检察院进行统筹安排，指定时间安排咨询师实施心理干预。

8. 与天宁区卫健局合作，针对失独家庭的心理干预项目。在天宁区，失独家庭已超过 500 户，而失独家庭的现状也是一个社会性的热点问题，失独的父母会产生明显的抑郁、焦虑、绝望等各类心理问题，需要得到专业的心理帮扶。工作室对本区内各街道社区的计划生育干事进行失独家庭心理疏导技能的系列培训，让相关计生干事了解失独家庭的心理状态，掌握疏导技巧；鼓励失独家庭参与到春晖俱乐部组织的各项大型活动中，增加失独家庭成员接触频率；定期开展失独家庭团体心理辅导活动，让他们打开心扉，建立稳固的关系；对于新的失独家庭，工作室的心理疏导师们与社区人员一同上门开展评估与安抚工作。

图 5　失独家庭教育“为心理打扮　为健康美容”

三、 成效及影响

获得社区居民的信任，是做好社区工作的基础；上级有关部门的支持，是做好社区工作的动力；扎实的业务能力，是社区工作做出成绩的根本所在。八个社区教育项目的实施充分体现"瑞文有约"社区行近年来的项目专业特色与资源优势，给社区居民传播了大量内涵丰富、项目类别多样、贴近实际生活的社区教育知识，树立正确的家庭教育观念，更好地把握子女之间的交流和沟通。社区开设网络直播《三人谈》家庭教育、心理健康讲座之家庭教育直播《分享常州》、"瑞文有约"社区行群，每天晚上 8:00—9:00 有专业的心理老师在网上答疑解惑。"瑞文有约"社区行对社区教育、家庭教育意义深远，覆盖面广、针对性强。截至 2019 年，"瑞文有约"社区行品牌项目已开发出父母必读类、品行类、关系类、学习类、心理类及青春类等十余种课程，服务人群数万，接到来访者上门咨询 1 500 人次，成功调解邻里纠纷、婚姻家庭纠纷 39 起，接到求助电话 56 起，回复咨询电话 56 次，较好地满足百姓心理健康调解需求。

白云社区红领巾假期学校

一、 项目背景和基本情况

白云社区位于常州市区西部，东依五星公园，南临勤花路，西与江苏工业学院相望，北与航空技校相邻。为了丰富辖区内青少年校外生活，满足学生假期多样化学习需求，白云社区充分挖掘社区资源，开展“红领巾假期学校”，为青少年创造一个校外学习、活动、交流、服务、娱乐的载体，把关心青少年的健康成长和党的事业联系在一起。社区利用每年的寒、暑假及节假日，组织开展革命传统教育、爱国主义讲座、文化体育比赛、尊老敬老服务、绿化环境保护、郊游参观考察等活动，有效地将社区中小学生组织起来，使他们在轻松愉悦的气氛中铭记历史、了解社会、增进友谊、提高素质，取得了较好的教育效果。白云社区先后被评为江苏省示范校外辅导站，曾获省校外辅导站电子阅览室优秀特色活动推广项目视频类一等奖、文字类三等奖，常州市优秀阳光驿站等省、市、区级等十多项荣誉。

二、 主要内容

白云社区创办红领巾假期学校，得到社区党委、热心青少年教育的“五老”志愿者队伍、社区驻地企事业单位、学校的支持，他们为红领巾假期学校的开办提供了丰富的资源。社区关工委牵头成立领导小组，认真学习上级关工委的工作精神，组建辅导员队伍，制订活动计划，安排活动场地。

社区的红领巾假期学校每年确定一个主题，2017 年的主题是“白云娃的从军梦”，以建军 90 周年为契机，举行“学习篇”和“实践篇”两大板块活动。

在“爱学习、爱劳动、爱祖国——老少共筑中国梦”的基础上，白云社区关工委结合本社区特色，以校外辅导站的电子阅览室为载体，与白云小学通力合作，社会组织“希文教育”全力协助，聘请“五老”志愿者、消防官兵、心理老师担任辅导员，立足“因时因地因人”，着眼“就近就便就需”，力求“可亲可信可学”原则，通过系列主题教育活动，让青少年的血管里流淌红色血液、心里播下红色种子、梦想里传承红色基因，激发白云娃的“从军梦”，营造“学史立志、崇德向善”的良好氛围，让孩子们在夏令营里学好、玩好，为“从军梦”的实现打下坚实的基础。

2018 年恰逢我国改革开放 40 周年、周恩来诞辰 120 周年、张太雷诞辰 120 周年，白云社区围绕“爱常州、爱钟楼、爱家乡”这一活动主题，将红领巾假期学校的活动主题定为“七彩夏日追梦行”，即以彩虹的七种颜色为背景色，安排符合七种色系的活动主题，每次活动都系上不同颜色的飘带，让孩子们用自己喜欢的颜色构筑七彩的梦想，在夏令营中真正体验到轻松愉悦。

2019 年是新中国成立 70 周年，社区以“传承爱国精神，争做‘三有’新人”为教育主题，开展 2019 年暑期夏令营，假期学校活动主题定为“老少携手，初心很‘Young’”，从爱国初心出发，安排以红色记忆、历史传承、科学强国为内核的活动，每个系列活动都通过老少共看、共讲、共赞、共学等形式，让孩子们从小深植爱国思想，树立强国梦想，在夏令营中真正体验到轻松愉悦。

三、 成效及影响

据统计，2017—2019 年红领巾假期学校共吸引青少年 2 000 余人，开展室内外活动 300 多次，有效提高青少年的爱国热情，增长青少年的知识，锤炼青少年的意志。社区的红领巾假期学校填补学校管理的真空期，为实现家庭、学校、社会的三结合教育做出贡献，不仅得到孩子们的喜爱、家长们的好评，也受到媒体的普遍关注，得到了社区居民的广泛认可。

图 1　放飞航模

图 2　参观军事博物馆

图 3　向先烈致敬

图 4　开展医疗救护培训

中草药稻虾种养基地

刘庄镇是全国重点镇，江苏省重点中心镇，位于盐城市大丰区西部。北与盐城亭湖区一衣带水，西与盐都区毗邻，南与兴化隔河相望。全镇总面积96.2平方千米，总人口4.33万人，辖13个行政村，2个居委会。刘庄镇又名"紫庄""云溪"，历史悠久，境内曾出土春秋战国时期楚国金币郢爰和大量汉代文物。刘庄镇交通便捷，区位优势十分明显。距沿海高速大丰出口8公里，通榆河、串场河纵贯南北，204国道、盐通高铁、新长铁路穿境而过，并设有新长铁路刘庄镇和盐城高铁南站。2018年，全镇实现地区生产总值29.3亿元，实现财政一般公共预算收入8 100万元，规模以上工业开票销售收入14.9亿元，农民人均纯收入2.36万元。

一、项目背景和基本情况

近年来，盐城市大丰区刘庄镇主动适应经济发展新常态，大力实施科教兴镇战略。2016年，刘庄镇决定调整产业结构，发展高效农业。镇政府成立农村产业结构调整调研小组，邀请专家团队，进行实地考察，对本地区气候环境、土壤条件等方面进行对比、分析，对效益较高的种植、养殖项目进行比对，一致认为水稻、龙虾适合本地区种养，而且稻虾生态立体种养既能对农田实行有效保护，又具有较高的经济效益、社会效益，市场前景广阔。

二、主要内容

2017年，刘庄镇社区教育中心与江苏三色农业科技有限公司、江苏农牧科技职业学院进行充分协商，签定合作协议，携手共建稻虾生态立体种养产学研合作基地，走农科教结合之路，发展高效农业。

图1 中草药稻虾生态立体种养高水平基地

基地位于民主村六组，其中核心区面积215亩，现有专职管理人员2名、专职技术人员2名，专业种养人员16名，负责基地稻虾种养管理，品种引进、品牌培育、产品销售、技术培训与推广工作。

基地以镇社区教育中心为主导，以江苏三色农业科技有限公司为主体，采用"基地+科研院校+合作社+农户"的公司化经营方式运行，进行中草药龙虾、水稻、鱼腥草、葛根的培育和销售，发挥示范引领作用，服务周边农户，有效提升农村休闲旅游、文化传承和美丽乡村建设。

为了加快高效农业发展步伐，促进农民增收，刘庄镇专门制订镇"十三五"农科教协同育人计划，明确调整农村产业结构，发展高效农业，加快农业科技推广应用。高度重视基地的建设和组织领导工作，成立教育服务"三农"高水平基地工作领导小组，由镇长任组长，分管农业和教育的副镇长为副组长，农业、科技、教育等部门负责人为成员。镇党委政府主要负责同志亲自过问，对基地建设给予重点扶持。各部门先期介入，超前服务，认真做好基地规划工作，实施路、水、电"三通"工程，全力推动基地建设。同时，成立科技培训领导小组和专家小组，邀请多位专家教授，根据稻虾生长过程定期进行指导，推广科技新成果、新品种，提升稻虾种养水平，激发农民稻虾种养热情，扩大稻虾种养面积。截至2019年，在基地带动下，全镇已推广稻虾种养面积 4 000 多亩。

（一）社区教育中心充分发挥教育服务功能，精准培训，发挥科技引领作用

在稻虾种养过程中，聘请江苏农牧科技职业学院王权教授和中草药喂养龙虾专利发明者于汝林教授为基地顾问，常年指导稻虾种养。聘请国内水产养殖专家、镇农技人员、稻虾种养“土专家”等组成“稻虾生态种养志愿者服务队”，在品种培育、种养技术、日常管理等方面进行传帮带。每次培训都针对农户在稻虾种养过程中碰到的困惑进行解答。有时为方便农户又不影响稻虾种养，采取以行政片集中授课的方式。每年举办培训 10 次以上，培训人员 1 000 多人次，辐射全镇 120 多户。并通过社区教育网站平台、微信群及时向农户传递新技术、新产品等致富信息。

图 2　举办稻虾自繁、自育、自养培训

（二）社区教育中心组织人员研究并推广良种良繁、“四水模式”和中草药喂养龙虾方法

研究推广新技术，降低种养风险。一是研究良种良繁，推广杂交龙虾新品种，从国外引进父本龙虾与国内优质母本龙虾杂交选育，种苗得到优化。龙虾个头大、生长周期短、抗病能力强。二是研究先进立体种养模式，积极研究推广“四水模式”。在水稻、龙虾生态立体种植的基础上，再利用环沟和四边田埂生长水生药材鱼腥草和中药材葛根，增加水体空间的利用率。三

是研究推广中草药龙虾喂养方法，在养殖过程中，将灵芝、虎杖、杜仲等 20 多味中草药经过配备添加到龙虾饵料中，能有效防治病虫害，提高龙虾体质，提升龙虾药用价值和食用品质。四是种植鱼腥草，养殖日本大平 2 号蚯蚓作为龙虾饵料，提升龙虾食用品质，同时鱼腥草还可作为中药材或食材出售，降低稻虾种养风险。

2018 年，全镇尝试推广中药组合物来养殖龙虾，利用中草药稻虾生态立体种养高水平基地，以行政片为单位培植养殖示范户 8 个，每个示范户负责指导辖区内 10 个以上养殖户，做到“一户带多户，同走致富路”。在示范户带动下稻虾种养户平均年收入递增 20%左右。

（三）动员 30 多户稻虾种养户成立专业合作社，助力农民增收

合作社为稻虾种养户统一购买亲虾父本母本、统一繁育杂交龙虾新品种、统一供应种苗、统一引进新技术，开展稻虾生态种养技术培训、技术交流和咨询服务，让农户获得更大利益。社区教育中心组织稻虾种养志愿者服务队经常到田间指导稻虾种养技术，社区教育中心还设立了热线电话和微信群，做到有求必应，为全镇稻虾种养户提供优质服务，为他们排忧解难，助推增产增收。

同时，充份运用电商，畅通销售渠道。与镇电商中心的生物科技公司达成电商战略合作关系，进行网上龙虾、稻虾米销售；走绿色生态大米路线，与盐城市某米业有限公司签订协议，该公司收购水稻、加工生态稻虾米，推出绿色稻虾大米品牌，向上海地区超市专供，确保农户销售有渠道，产品价格有保证。同时，帮助农民积极注册申请中草药龙虾品牌，进一步提升刘庄龙虾的品牌形象和市场占有率。

三、成效及影响

2017—2019 年，社区教育中心编印培训教材 1 600 多册，运用现代信息技术手段，实行精准培训，推广杂交龙虾养殖、虾蟹混养、淮稻 5 号、大平 2 号蚯蚓、鱼腥草等新品种和新技术。刘庄镇中草药稻虾生态立体种养的示范效应与辐射能力不断增强，教育载体功能不断完善，对农户的中草药稻虾生

态立体种养技术支持的力度越来越大,实现每户每年平均增加收入 2 万元以上,从而取得了显著的经济效益、社会效益和生态效益。直接改善了农民的生活水平,解决了农产品价格低、收入低的问题。刘庄镇中草药稻虾生态立体种养成功经验已惠及周边 10 多个乡镇。

金陵学堂

——南京开放大学社区教育特色品牌项目

一、 项目背景和基本情况

南京是国家重要的科教中心，自古以来就是一座崇文重教的城市，有“天下文枢”“东南第一学”的美誉。2013 年 11 月，中共南京市委、南京市政府颁布《关于打造世界教育名城，建设学习型城市，促进人的现代化的意见》（宁委发〔2013〕59 号），随后南京市政府又配套出台系列实施文件，明确提出重点建设南京开放大学，进一步扩大“南京学习在线”“市民学堂”的品牌效应；依托“南京学习在线”，进一步增强已有学习品牌的承载率。为进一步落实南京市委市政府关于“打造世界教育名城、建设学习型城市”的战略部署，在南京市教育局的指导下，南京开放大学于 2015 年推出“金陵学堂”终身学习品牌项目。

“金陵学堂”原名为“南京市社区教育大讲堂”，是南京市委、市政府重点培育、打造的社区教育特色品牌。2016 年在南京市教育局的研究及建议下，正式更名为“金陵学堂”。

二、 主要内容

“金陵学堂”品牌项目坚持“学习需求从群众中来，特色培训到群众中去”的指导思想，以“传金陵文脉，办百姓学堂”为品牌项目建设宗旨。依托南京市社区教育四级网络体系，发挥南京开放大学在市级层面与各部委办局横向合作与资源整合的优势。整合汇聚全市社区教育优质名师及课程资源，通过现代化教育技术手段，广泛开展以“市区联动方式”为主体的社区教育课程培训及活动。

图 1　金陵学堂标识

“金陵学堂”品牌标识的设计元素源于南京（金陵）古城墙城门的主视图与侧面剖视图，组成南京拼音的首字母“NJ”图形标识元素。其次，以金陵山水龙脉为题材，将“山”与“水”两字进行异化，形成图形标识元素。标识图形整体释义：上半部分为“传——金陵文脉”；下半部分为“办——百姓学堂”。将“学”与“堂”二字进行图形化设计，其中“山”形入“学”头，“水”形入“堂”头，城门释义的“NJ”图形元素分别在“学”与“堂”二字的图形中予以呈现。最后将“学”与“堂”二字图形进行重合叠加：上部图形意取“山水相连、文脉传承”；下部图形意取“百姓学堂、崇德尚学”，将“土”部一横予以断线处理，似百姓坐于屋中伏案尚学，“学堂”二字形、意、神兼顾。

师资队伍是金陵学堂品牌项目建设和社区教育发展的核心和灵魂，是推动南京市社区教育快速、健康、全面发展的重要保障。为进一步汇聚整合并充分利用全市社区教育已有优质名师资源作用，深度发掘并合理施策利用全市潜在社区教育优质名师资源。南京开放大学于 2016 年先后启动“金陵学堂名师工作室”师资建设项目、“金陵学堂名师课程进社区”社区教育培训项目、“母亲学堂”家庭教育培训项目、“金陵银发学堂”老年教育培训项目等系列品牌子项目。通过精心打造，已组建 150 余人的金陵学堂师资库，评选名师 30 余人，建成“金陵学堂名师工作室”10 个，获评省级社区教育名师工作室 8 个，制作金陵学堂名师课程近

图 2　金陵学堂课堂学习

400 集，各类课程累计培训人数近 2 万人次。

在组建和用好金陵学堂师资队伍的基础之上，依托“南京学习在线”终身教育平台，通过不断打造与持续投入，具有南京地域特点的“金陵学堂”课程资源库已初具规模并形成特色。建有金陵银发学堂系列、在线家庭教育系列、非遗传统文化系列、民间休闲雅趣系列、南京寺庙文化系列、南京大街小巷系列、南京美食文化系列、学习活动品牌系列、历年微课大赛系列、其他特色资源系列等多门类的社区教育特色课程。其中，金陵学堂自建特色课程资源约 400 集，采购课程资源约 500 集，整合共享各类学习课程资源约 12 万集。课程资源库在线注册学习人数约 100 万人次。

图 3　妈妈的味道厨艺大赛

自 2016 年以来，每年上半年母亲节期间，金陵学堂“妈妈的味道厨艺大赛”在线上线下掀起一股参与热潮，线上线下共同参与人数近 40 万人次。该系列活动旨在引导广大市民从自身做起、从家庭做起，把学习融入生活之中，让优良的家训、家教之风传遍每家每户。金陵学堂“妈妈的味道厨艺大赛”先后在建邺区、秦淮区、玄武区、雨花台区等地进行了专项推广。每年下半年全民终身学习活动周举办期间，金陵学堂“社区教育——社区行”系列活动都会如期举办。该系列活动采用线上线下相结合的学习方式，通过南京市社区教育四级网络进行系统推广。实现了南京市 11 个区以及江北新区全部覆盖，参与活动的社区居民年均达到 2 万人次以上。

在依托全市社区教育四级网络开展系列教育培训服务的基础之上，金陵学堂还与各部委办局广泛开展合作，共同致力于南京市民终身学习的支持与服务工作。与南京市妇联共同打造“金陵学堂线上家庭教育课程”；与南京市委组织部共同打造全市“党员之家”线上培训项目；与南京市信息中心合作，在“我的南京”App 上共享金陵学堂培训课程；与南京市语工委共同开展“金陵学堂——汉语南京”合作项目等。中国成人教育协会、国家开放大学、江苏省成协、全国各地兄弟院校（含台湾）、南京市政协、南京市民革、南京市教育局等部门的领导及专家，先后对金陵学堂品牌建设工作进行调研指导。

图 4 《金陵学堂》系列讲座

三、成效及影响

通过近年来的精心打造，金陵学堂课程资源先后荣获得“全国社区教育优秀微课程”评选二等奖 2 项、三等奖 2 项、优秀奖 41 项，荣获中国成人教育协会农专委所评选的 2019 年全国优秀乡土课程“十佳优秀乡土课程”。金陵学堂“石韵人生”“金陵竹刻”“秦淮花灯”等系列课程，经江苏省成人教育协会评比推荐，参加2018年“全国社区教育大讲堂100讲”的宣传播出。自编教材《智能手机应用》入选“江苏省老年大学优秀自编教材（讲义）”。此外，金陵学堂系列课程先后获得江苏省级优秀数字化课程资源评选一、二、三等奖等荣誉。

金陵学堂社区教育系列活动，先后荣获江苏省各类活动评选表彰7次，获得了市委宣传部、市教育局、南京市记者协会等部门及协会的共同表彰；荣获江苏省教育厅首批“江苏省社区教育特色品牌”；经省教育厅评审，被列入“江苏省老年教育学习资源子库”建设项目；荣获“南京市终身学习品牌项目”“江苏省终身学习品牌项目”；经省成人教育协会评审推荐参评“全国终身学习品牌项目”。

金陵学堂品牌项目先后在“中国社区教育数字化学习资源论坛”“两岸社区教育金门论坛”“长三角三省一市社区教育协作联盟”等学术会议上进行经验分享与交流。《南京日报》《现代快报》《金陵晚报》、南京新闻广播、江苏教育电视等多家新闻媒体对金陵学堂进行了采访报道，网易直播、龙虎网、荔枝新闻网、紫金山App等多家新媒体也对系列活动的开展情况进行采访或直播。该品牌项目的广泛开展，较好地发挥南京开放大学在全市社区教育四级网络体系中的龙头作用，为全市社区教育品牌项目的创建工作建立标杆，起到示范与引领的作用。

京口区家长学习共同体

——镇江市京口区全国终身学习品牌

一、项目背景和基本情况

镇江市京口区位于长江下游南岸、古运河以东，是镇江市的主城区，总面积126平方千米，常驻人口39万，下辖6个街道、2个园区，共64个社区居民学校。辖区内共有中小学、幼儿园54所，在校学生27 620人，在校教师2 041人，社区教育专兼职教师2 289人，社区志愿者8 870人。京口区社区教育始终围绕“建设全民学习、终身学习的学习型社会”的目标，坚持“终身教育、成就终生”的发展理念，把社区教育与学习型城区建设相结合，构建了具有时代特点和京口区区域特色的社区教育新模式。

2014年开始，京口区以“社区教育讲师团送讲活动”和“四点钟家长学校”为载体，致力于打造社区教育学习品牌——“京口区家长学习共同体”。该品牌充分整合家庭、学校、社会三方力量，组织实施相关活动，强化社区家长学习，提升家长综合素质，充分实现家校社时空衔接无缝隙和家校社优势互补最大化，营造出家校社和谐育人、人人有学的氛围。

二、主要内容

“京口区家长学习共同体”是由有着相同学习意识和相同学习愿望的辖区内家长及众多社区教育教师共同构成的学习型社区。家长们希望通过学习，提高家庭教育水平和自身综合素质。来自学校、社区、家庭中的各类人才组成强大的教学团队，使家长们逐渐掌握所需知识。

2014 年 6 月，京口区成立品牌项目建设领导小组，区教育局分管局长为组长，区社区教育培训学院院长为副组长，各学校分管副校长、社区教育管理者和家长代表为组员。项目组成员历经 3 个月的调研走访，制定出《关于深入推进家校社共育 促进家长共同体建设的指导意见》。同年 9 月，项目建设领导小组召开了全区教育系统家校社融合工作专题大会，宣布成立 7 个家校社融合共同体指导站，这标志着“京口区家长学习共同体”项目全面启动。

为激励品牌活动开展，实行“家长学习培训立项项目经费申报制度”，引导校社申报“家长学习项目”，经社区培训学院审核后，确定为立项项目。校、社按立项项目开展活动，凭活动相关过程性资料，如活动通知、签到簿、新闻报道、讲座人资质证明等，获得相关活动经费补助。经费申报机制保障了社区教育经费投入品牌项目建设中。

将学校资源对家长的开放程度、学校开展家长培训的实效影响、学校所发挥的家长教育作用等，列为教育局对学校的年度目标绩效考核内容，校长作为第一责任人。对照年初各学校、各社区申报的“家长学习项目”，根据年底完成的实际情况，对完成率高、影响力大、受益面广的项目申报单位给予一定的物质奖励。在由区政府主持召开的全区社区教育大会上对在品牌建设中的优秀单位和个人进行表彰。这一系列的考核激励机制，有效指引各单位将家校社融合落到实处。

京口区按照“1+3”模式，建立了品牌项目师资队伍。“1”为京口区家庭教育讲师团组成的专家团队，聚集德育行家、心理咨询师、图书馆研究员、律师等一批在各自领域有出色业绩的专职人员。“3”为社区培训学院的专职教师、教育局派驻街道的专职教师和家长志愿者团队。“1”为核心，“3”为补充，专兼职结合，保障品牌项目活动正常开展。

由社区培训学院牵头，成立考核领导小组，制定《京口区社区培训师资队伍管理考核办法》，采取过程与效果相结合、定性与定量相结合的考核办法。每场培训结束，家长填写听课反馈表，将结果及时反馈给教师，便于教师及时纠正调整。对优秀教师给予精神和物质双重奖励，逐步淘汰口碑不好的教师。定期组织教师座谈，了解他们的需求、建议，帮助他们与所在单位进行沟通，加强团队凝聚力。

定期组织团队讲师进行思想道德培训，使他们进一步深入了解社区教育培训的重大意义和重要作用，树立全心全意的服务理念。社区用“走出去，请进来”的方法组织专业专题培训，每年组织2次核心团队成员去省外学习，并在团队中进行二级培训。社区培训学院牵头每年组织2次大型团队讲师培训，使讲师们不断吸收先进的家庭教育理念、方法和技巧，为家长提供科学化、专业化、个性化、常态化的指导服务。

积极开展品牌项目特色活动。一是多措并举，品质工程系统推进。“京口区家庭教育讲师团送讲活动”由京口区社区教育培训学院主办，各街道社区教育中心协办，通过集中培训、网络学习等方式，针对辖区内家长，开展家风讲堂、学生心理健康、家庭教育专题指导、招生咨询服务等多种培训活动。针对不同层面家长的需求，讲师团成员为家长提供一对一精准对接的家庭教育咨询、指导和服务，并对留守、残疾等特殊困境儿童家庭提供支持服务等。送讲活动引导家长树立正确的教育观，掌握科学的教育方法，缩短学校与家庭、学校与社会的距离。

图1　养正家长讲堂

二是旗帜鲜明，家校同心质效显现。京口区各校根据自身特点，开展个性化的家长培训活动。如中山路小学成为镇江市首批“落地家长学校”试验点，借助“E时代家校共育”新平台，充分发挥家委会作用，提升家长家庭教育素养，降低家庭教育错误率。京岘山幼儿园充分利用家长教育资源，构建“家园携手、多元融合、乐享童年”的家园共育框架体系。江科大附属小学通过校园网、微信平台等途径，建立阳光家长课程，合力打造“阳光合育创意联盟”等。

图2　家长课堂

三是整合资源，亲子实践生机勃勃。2017—2019年，三年来，京口区共邀请180余名有专业知识、有技能特长、有丰富育儿经验的家长组成助教队伍，走进学校、走进社区为孩子们上课；开展了200多场次关于消防、交通、泥塑、书法、手工串珠、医疗卫生、心理咨询等方面的亲子互动活动，以及亲子趣味运动会、亲子共读、七彩夏日等社会实践活动。这些家庭实践教育活动增进了亲子关系，解决了家庭养育难题，促进了家庭和谐发展。

图 3　校馆衔接共建基地挂牌

三、 成效及影响

该品牌项目自 2017 年实施以来，满足了社区家长对家庭教育的新需求，开启了社区家长参与学校教育的新实践，开辟了化解家校社矛盾、改善教育生态的新路径，构建了区域化家校社共育的新格局，逐步探索出一条“政府主导、专家引领、社会参与、学校实践”的家校社合育之路，形成了区域化推进家校社共育的新范本。“京口区家长学习共同体”品牌项目，于 2018 年被评为江苏省社区教育品牌、全国终身学习品牌。

“以奖代补”经费申报制度实施三年多来，校、社共申报立项项目 102 个，开展家长专题培训 226 场，拨付专项经费 35.6 万元，奖励经费 6 万元。“京口区家庭教育讲师团送讲活动”开展宣讲活动 55 场次、各类亲子活动 200 多场次，培训家长 5.3 万人次，惠及全区近 4 万户家庭。师资队伍共有 566 人，其中专家 35 人；组织讲师培训 27 场，拨付培训经费 8.9 万。三年中，全区共表彰先进单位 62 家，先进个人 56 人，奖励社区电脑 72 台，在各级各类媒体上发表“家校社共育”文章 22 篇。

三年中，社区培训学院拨付专款 200 余万元，与学校共建图书室、微机房、语音录播室、心理辅导室等场馆设施15处；同时建立家长培训教育基地22个、社区服务站60个、家长委员会38个、家校共育研究实践基地8个。京口区有效整合这些资源，使其成为家长培训的场馆，搭建起家长互动学习、互相交流的培训平台，有效对接学校教育和社会教育。

乐学·悦行

——“锡山学习在线”

一、项目背景和基本情况

无锡市锡山区位于长江三角洲腹地，江苏省东南部，无锡市东北部，为无锡市中心地区。锡山区辖5个街道、4个镇，其中包括75个行政村、45个社区居委会和1个国家级开发区、1个锡东新城商务区。锡山是近代民族工业和现代乡镇工业的发祥地，曾创造蜚声中外的“苏南模式”，原锡山市多年被评为全国百强县之首，获得“华夏第一县”的美誉。建区以来，锡山区经历夯实基础、加速提升和谋求跨越的发展历程，经济发展取得令人瞩目的成绩。

党的十九大以后，锡山区社区教育围绕“积极发展继续教育，完善终身教育体系，建设学习型社会”的总体要求，立足实际，整合资源，苦练内功，加快建设以区社区教育学院为龙头，各镇（街道）社区教育中心为骨干，村（社区）居民学校为基础的覆盖城乡三级社区教育服务网络，打造具有锡山特色的终身教育体系。

二、主要内容

为推动学习型锡山的建设，推进区域终身教育信息化，提升网上学习平台互联互通和社区教育数字化学习资源的建设与共享，向居民提供线上线下多种形式的学习支持服务。2015年“锡山学习在线”终身教育平台正式上线；2016年首次改版，微信公众号同步上线；2017年第二次升级，存储了海量的学习资源，可供社区居民在线上线下学习，交互、共享。新的平台有机整合社区教育门户、学习中心、课程中心、活动中心、发布中心、展示中心、服务一条街等功能，围绕社区教育、老年学校、青少年校外教育、各类培训等不同社会教育需求，积极提供丰富便捷的教育服务，逐步形成“人人皆学、时时能学、处处可学”的学习氛围。

图 1　“锡山学习在线”标志

为提高“锡山学习在线”的识别度，专门设计了网站标识，标志外形设计文雅，内涵丰富，以“锡山学习在线”中的“山”字作为主题设计，山高人为峰，运用抽象元素“点”与“山峰”结合，形似三个人（代表青少年、成年、老年）坐在一起交流学习，突出终身学习理念，营造出书山、学海的学习意境。标志整体造型展现出锡山境内“三山二水”的地域特色，象征“锡山学习在线”不断创新，为自身发展注入源源不断的活力。标志的颜色以绿色和蓝色作为标准色，色彩鲜明、开放、轻松、自由、博大，以色彩渐变效果丰富了视觉表现，节奏感较强。

“锡山学习在线”平台实名注册学习人数截至 2019 年已达 39 256 人，开设锡剧、太极、茶艺、书画、基础会计、摄影等 11 个培训项目，线上学习和线下活动互通，社区居民不出家门就可以获得人文艺术、职业技能、运动健身、养生保健、生活休闲等教育培训服务。

“锡山学习在线”终身教育平台汇集优质社区教育数字化资源，现有教育教学、国学历史、科学技术、人文艺术、家居生活、道德法律等两千多门课程，自编文本课程 49 门，将区域特有的地方饮食、吴越文化整理成社区教育媒体课程，拍摄的“锡山私房菜”“锡剧新韵”“太湖翠竹”等特色课程，受到了社区群众的广泛好评。

为进一步丰富广大老年朋友的业余文化生活，提供与老龄生活相适应的社会服务，“锡山学习在线”锡剧培训班在羊尖镇社区教育中心开班，有近 30 位学员参加。锡剧培训班除教授锡剧外，还安排参观锡剧发源地——羊尖镇严家桥，并与镇锡剧业余团队和锡剧票友交流互动等活动。

依托东北塘街道社区教育中心优质的硬件资源，“锡山学习在线”网络书法班暨东北塘街道老年书法班正式开班，开班仪式上东北塘实验小学工会、锡山社区教育学院领导到会祝贺，“锡山学习在线”终身教育平台负责人向前来参加开班仪式的各位学员做了线上线下学习指导。东北塘街道社区教育中心负责人提出“既来之，即学之”的学习理念，线上线下同步学，寄情翰墨，陶冶情操，追求品质生活，弘扬中国传统文化。

“锡山学习在线”为提高社区教育工作者队伍专业化水平，积极开展面向社区服务人员、社区志愿者、社区教育联络员的教育培训。“锡山学习在线”先后举办三次社区教育骨干培训班，同时还走进镇（街道），开展“立足实际，推动锡山社区教育再上新台阶”培训，参训对象达六百多人次。

图 2　社区教育骨干培训

锡山社区教育学院举办的“锡山学习在线”第二期社区教育骨干培训班，邀请全区各镇（街道）成社中心校校长、部分专兼职教师及村（社区）社教联络员共计 150 余人。培训班围绕“锡山学习在线”网站和微信公众平台建设应用进行专题辅导，并模拟在线学习过程进行“锡山学习在线”平台操作示范与指导，邀请市电教馆终身教育中心主任郁栋作了“智慧学习与社区教育”专题讲座。锡山社区教育充分发挥“锡山学习在线”平台作用，努力打造活动型、开放型的学习综合体和锡山成社教育品牌，更好地服务百姓生活。

老年教育是社区教育的重要组成部分，经过两年的努力，锡山区已经实现老年学校镇（街道）全覆盖。“锡山学习在线”的书画班、锡剧班、太极班的学员已成为弘扬传统文化、活跃社区文化生活的生力军，他们把画展、书展、摄影展等从学校带到社区，把歌舞、拳剑、戏曲等从教室学练走向广场演出，既满足老年学员强烈的自我展示欲，又满足市民对文化生活的需求。

近年来，“锡山学习在线”书画培训班在组织老人学习书画的实践中创新意，把原来依靠临摹碑帖和名家画作的传统学习书画方法改进为结合网络、视频等现代化手段的新型书画学习方法，从而达到事半功倍的良好效果。参加书画培训的人数由 2017 年的十多人增加到 2019 年的四十多人。

图3 进社区惠民演出

"锡山学习在线"通过"课程中心""学习中心"等模块，为区域社会化学习和行业系统的项目实践提供专项服务，线上有丰富的会计、茶艺、计算机等培训项目及媒体课程，线下有相关的社区居民培训基地。

锡北镇社区教育中心负责的"锡山学习在线"茶艺班组织开展"学茶艺，悟茶德，感受茶文化"主题系列茶艺培训活动。茶艺培训基地得到锡北镇政府及无锡市八士实验小学的大力支持。按照活动方案，培训分为四个系列活动："茶礼仪和茶文化"讲座、冲泡绿茶（太湖翠竹）、冲泡功夫茶（乌龙茶）、个人茶艺展示和评比颁奖。学员们聆听茶礼仪和茶文化讲座，感受茶文化的魅力；跟着老师学习茶艺，放茶、冲泡、品茗，亲身感受茶艺文化的博大精深。活动最后，组织学员个人展示茶艺并进行现场评比。

为了使广大农村妇女掌握一技之长，锡山社区教育学院和锡北镇社区教育中心联合举办初级育婴师培训班，锡北镇40位妇女报名参加了培训活动。培训班聘请早期教育专家、营养专家、婴儿护理专家授课，从育婴师的职业道德与素养、婴幼儿心理发展与教育、婴幼儿日常保健和护理、婴幼儿认知与语言发展等方面进行系统讲解，并安排大量的实操训练模块。培训班所有学员参加无锡市劳动局职业技能鉴定中心的考核认定，合格者获得了国家育婴师职业资格证书。

图4 专业技能培训

安镇街道举办“淘宝网店开设”技能培训。三十多位来自锦安、鑫安社区的待岗青年参加了培训。培训老师围绕“电商分析—认识网店—开店流程—寻找货源—产品定位—现场诊断—案例分析”等内容对学员进行培训，使学员受益匪浅。为了有的放矢地开展社区教育，让社区教育更好地为社区居民服务，安镇街道社区教育中心联合各社区，利用“锡山学习在线”教育资源，为社区群众做好教育培训。社区教育中心开发淘宝网店开设、母婴护理、西点制作、创意培训等培训课程，社区居民根据各人需要进行报名。社区教育中心聘请老师结合线上线下开展各类培训，为广大群众提供服务。

“锡山学习在线”启动组建区社区教育专家师资库，建立社区达人（带头人）资源库，鼓励和引导社区居民自发组建形式多样的学习团队、活动小组等学习共同体，积极送教下乡、进社区开展青少年校外辅导活动。长征宣讲、农村社会实践、书法、阅读……精彩纷呈的“七彩之夏”暑期活动在厚桥街道及各社区一经推出，便受到了家长和孩子们的青睐。厚桥街道成人教育指导中心精心组织社教志愿者担任老师，开展各类青少年活动，努力让成社中心成为青少年假期生活的乐园。

“锡山学习在线”终身教育平台的“发布中心”板块 2017—2019 年两年发布各镇(街道)社区教育活动信息五百多篇,“锡山学习在线”微信公众号平台同期发布信息三百多篇。社区教育中心开展“我们的节日”“传统文化锡山行”“悦读”系列活动,弘扬传统文化,培育社区居民践行社会主义核心价值观,终身教育平台网络社区居民参与 170 余万人次;开设锡剧、太极、茶艺、书画、基础会计、电子商务等 11 个培训项目 39 个培训班,指导各镇(街道)社区教育中心开展各类培训活动;“展示中心”珍珠塔、太极坊、翠竹阁、泼墨轩等模块分别展示培训项目锡剧班、太极班、茶艺班、书画班等线下活动的成果。

社区教育中心指导、协助各镇(街道)建设社区教育文本课程、媒体课程,完成“剑舞夕阳剑舞夕阳——锡山社区教育数字精品课程”系列之“太极剑教学(一)”,编发区《社区教育工作简报》,协助锡北完成乡土课程“渔篮花鼓”的拍摄,完成《快乐学习,快乐生活》“潜心学习,倾情宣讲”《丹青描得夕阳红》《洪湖水浪打浪》《我是一颗革命的种子》等多部专题片,其中《乐学・悦行——锡山学习在线》获得“第十四届中国中小学校园影视奖”一等奖。

三、成效及影响

“锡山学习在线”2017 年被评为江苏省“社区教育品牌项目”、无锡市“终身学习品牌项目”、“无锡市社会教育(教学)成果奖”特等奖;受到人民网、江苏教育、无锡教育及新锡山等多级媒体报道;相关研究成果《社区教育学习需求调研报告——以无锡市锡山区为例》发表于《中国社区教育》期刊。

教学资源与课程

农村电商培训

一、项目背景及基本情况

宿迁是传统农业生产大市，全市耕地面积684.2万亩，人均耕地面积1.18亩，农业生产条件得天独厚，优质农副产品、水产品极其丰富，盛产粮食、棉花、油料、蚕茧、木材、花卉、食用菌等，所辖县区是全国商品粮基地；水域面积350余万亩，境内有洪泽湖、骆马湖两大湖泊，盛产螃蟹、银鱼、青虾等50多种水产品，是闻名中外的“水产之乡”；宿迁还是远近闻名的“花木之乡”，花卉苗木品种繁多，争奇斗艳。走生产、经营和销售的经济模式，特色农业抢抓电商机遇，调整优化产业结构，是实现农民增收致富的重要途径之一。

宿迁开放大学电子商务专业开办于2003年，经过十几年的办学积淀，拥有优质的专业师资和专业实训设备、场地，积累了丰富的专业人才培养经验。2015年12月18日，江苏开放大学京东电商学院落户宿迁开放大学，围绕宿迁的社会经济发展，服务于京东等电商产业发展需要的政校企三方合作共建的新型大学应运而生。2016年1月，京东校园运营中心投入使用，学员可在京东的运营平台上与客户沟通、解决问题，锻炼心理素质，学习网络经营、网店装修、网站维护等实用技术，提高专业知识和技能，提升专业素养。这些都为我们有效整合社区教育资源、开展农村电商培训、培养电子商务人才、推进农村电子商务产业发展，提供了有力保障。

二、主要内容

2015年5月,宿迁开放大学成立了以校党委书记、校长李军领衔的调研小组,深入乡镇开展农村电商产业发展现状及需求的调研。为保证调研工作顺利高效,学校从办公经费中拨出2万元作为专项资金。项目启动后,设立专项建设资金20万元。

项目由副校长沈士军具体负责,成立农村电商工作室,汇集电商专业优秀教师及京东公司培训专家,组建成一支功底扎实、知识丰厚、业务精湛,并具有较强实践能力和创新意识的专业培训团队。

聘请政府、企业专家,乡镇负责人,农村电商从业者代表等组成专家团队对项目实施进行分析论证,明确重点、确定目标、制订可行性方案,整合全市优质资源,为项目建设搭建平台。

(一)以服务农村电商为使命,创新农村电商人才培养“三加工两结合”模式

结合宿迁市目前农村电商人才培养存在的现实情况,宿迁开放大学积极创新人才培养模式,实行“三加工两结合”培养专业人才,即对有意向、有需求的准从业人员开展入门级的粗加工,对已从业人员开展专业化深加工,对从业人员中素质较高、基础较好、能力较强的开展核心专业能力精加工,利用互联网开展网上教学和社区学校开展课堂教学相结合的线上教学和线下教学“两结合”模式培养电商人才。几年来,通过开发培训课程包,编写制作教材、教案、课件、微课等,构建农村电商人才培养课程体系。张举、吴长青、蔡乐、王大中、王俏俏、李琳等老师组成电子商务专业团队,自编《网店开设与经营》《网店装修入门基础》《“互联网+”时代背景下农产品挖掘》及《农产品营销》等四门专业课程教材,引入京东课程“TL实战技巧”,制作“农产品包装与物流”“网店开设与管理”“农产品网络营销策略与安全”“微信营销”“农产品品牌创建”“‘一村一品一店’电商模式”等一批课件;搭建“宿迁学习在线”平台,给学员学习提供丰富的共享资源;利用微信公众平台、微信群、QQ群等信息技术开展培训、管理和服务工作,营造一个“时时能学、处处

可学”的学习环境。

（二）强调以农村电商人才培养为本，融合三方资源，服务区域经济发展

借力宿迁市委市政府“互联网+农业”行动计划，充分利用、共建、共管本地优势资源，和京东集团、江苏开放大学京东电商学院、江苏农民培训学院进行深度合作，推动农村电商人才培养模式改革。引进京东集团的专业技术人员、培训课程和营销理念，在“一村一品一店”建设的基础上，促成了京东集团施行“百家京东便利店”项目，以实际的运营样板来示范、引领、推动农村电商产业的发展；此外，还为淘宝、天猫等电商平台从业人员提供服务和支持，真正促进宿迁农村电商产业百花齐放。

（三）开展“点对点培训”“深化培训”“精准培训”，为农村电商产业培养“用得上”的人才

根据各地产业发展特色和需求，学校实施点对点上门培训，针对重点村镇、重点项目进行精准培训，使培训内容、培训形式更贴近农村电商的实际，切实帮助农民发家致富，真正实现以“一品”作响“一店”，以“一店”致富“一片”。

图1　社区干部专题培训

截至目前，宿迁开发大学拥有一支稳定的、素质良好的农村电商培训专职管理人员、专兼职教师与志愿者队伍，其中专职管理人员 3 人，专职教师 5 人，兼职教师 20 人，志愿者 300 余人。与京东集团、江苏开放大学京东电商学院、江苏农民培训学院合作组成“电商培训讲师团”开展各种类型电子商务培训活动。

2017 年 5 月至 12 月，“电商培训讲师团”自带教学设备，送教下乡，为宿豫区关庙镇、沭阳县庙头镇、宿城区埠子镇、泗阳县李口镇等乡镇量身定制培训课程，举办了 12 期共计 3 000 余人参与的农村电商培训。

2017 年 2 月至 4 月，宿迁开放大学与宿迁市委组织部、宿迁市农委合作举办宿迁市“支书领头调结构”培训班 6 期，培训学员 2 347 人；与宿城区委组织部合作举办全区村居（社区）干部培训班 2 期，培训学员 274 人，开展宿迁“‘一村一品一店’模式及农村电商发展”专题培训。培育一批具有敏锐市场意识和现代经营管理水平的“好支书”“好干部”，引领农民调结构、促增收、快致富。

2017 年 8 月至 12 月，宿迁开放大学与江苏农民培训学院合作举办全市基层农技员培训班 2 期，培训学员 238 人；举办全市农村电子商务培训班 10 期，培训人员 2 000 人。开展“电子商务服务农业结构调整”专题培训，培训课程包括“农产品包装与物流”“网店开设与管理”“农产品网络营销策略与安全”“微信营销”“农产品品牌创建”“‘一村一品一店’电商模式”等。

2018 年 3 月，宿迁开放大学在贫困村帮扶点湖滨新区井头乡九里村和马窑村居民服务中心建设电商培训与创业服务基地，带动农民学习知识，掌握技术，增强信心，创业就业，脱贫致富。用技术扶贫的方式，解决农民生产与经营的实际问题，培育他们农产品生产与经营能力，实现自我发展。

图 2 为居民送服务

三、 成效及影响

开展系列农村电商培训,为广大农村青年送去“村淘”知识,加快了宿迁市农村电商知识的普及度,加速了全民“触网”,点燃了他们的创业梦想;为农村电商发展培育了一大批技术型人才,推动全市“一村一品一店”和农村电子商务工作快速发展,在调整优化农村经济结构方面发挥着重要作用。

宿迁市在知名电商平台注册开设农产品网店超过 3.2 万家,触网农产品 4 600 余种,全年实现农产品销售额 35 亿元;全市 113 个乡镇建成电子商务一条街,1 405 个行政村建成“一村一店”,779 个村(居)建成“一村一店一品”,宿迁开放大学培养的农村电商人才大都是其中坚力量。

随着农村电商培训开展,培训效应不断扩大,农村电商培训也受到外省、市政府及企事业单位的关注。三年来,他们和山东胶州合作举办乡镇领导干部电子商务培训班,为 60 名乡镇干部进行“网店开设与管理”“宿迁市‘一村一品一店’电商模式”专题培训;与新疆伊犁合作,举办乡镇致富带头人培训。

开展电商培训送教下乡活动,建立农民电商培训乐园。把优质教育资源送到农村，把培训送到老百姓家门口，实现城乡社会教育资源共享与互补，让老百姓就地、就近学习知识和技术，使教育资源发挥其最大的社会经济效益，成为社区教育一大亮点。

乡镇街道社区教育中心建设网络创业孵化中心、电子商务创业沙龙等活动平台，为创客们提供专业咨询、电商培训和电商创业经验交流等机会，助力他们保持着持久的创业热情和探索精神，促进他们的专业成长、技术延伸，为他们创业成功和事业发展提供保障条件，更为宿迁电商产业的繁荣提供人才支撑，为宿迁电商产业的可持续发展创造条件。网创孵化中心、电商创业沙龙等活动平台建设是农村电商培训又一亮点。帮助扶贫点建设电商培训与创业服务基地，用技术扶贫方式，带动农民创业就业，脱贫致富，是创新扶贫工作一次有益探索，也为脱贫攻坚、精准扶贫积累了宝贵经验。

2018 年 4 月，“沈士军农村电商名师工作室”被评为省级名师工作室。宿迁开放大学将努力把农村电商培训项目办成农村电商产业成长壮大的孵化器，地方经济发展的助推器，学校转型发展的加速器，更好地促进农村电商产业高效、长效发展。

“诵童谣·学规则”特色教育项目

一、项目背景和基本情况

徐州邳州市是一座历史悠久，传统民族文化氛围浓郁，民间文化资源丰富的城市。民间文化是一座连接与沟通传统文化与教育的现实生活状态的桥梁，具有承接延续传统文化与现代教育生活的特点，将本土文化融入社区教育中，可使其更加具有趣味性和生命力。邳州童谣，因其浓郁的地方言语，俏皮的揶揄及幽默的趣味，富有浓厚的地方生活气息和艺术感染力与穿透力而流传。

2018 年，邳州市教育部门初步尝试运用新童谣对学生和家长的规则意识进行培养实践，并取得良好成绩。为进一步巩固教育成果，提升学生和家长素质，邳州市教育局在幼儿部确立“诵童谣·学规则”特色教育项目，在新童谣的诵读和传唱活动中，对学生和家长进行思想教育，在学校的正确引领下，家长们也纷纷自觉参加到童谣编唱活动中，形成具有鲜明特色与代表性的新童谣文化。

二、主要内容

各学校通过开展新童谣传唱活动，使学生和家长懂得“生活处处有规则，人人都要守规则”的道理，让学生和家长不断增强规则意识，养成自觉遵守规则的好习惯。同时，明确学生和家长遵守规则、习惯养成的教育目标定位，使大家在收集、传唱、学写童谣的过程中提高规则意识，使孩子们快乐地接受德育，养成良好的习惯。

图1　整理童谣资料

渲染新童谣文化氛围，让学校的每一间教室、每一面墙、每一块石头都浓缩新童谣文化。充分开发、利用这些物化资源，让校园成为学生和家长自由想象和创造的摇篮。让童谣潜移默化地向学生和家长传递规则意识。

教师利用校本课程开展关于规则的童谣教学。教师组织学生和家长学习关于规则的童谣，在诵读童谣的过程中学习规则，组织学生和家长学习、传唱以规则教育为主要内容的新童谣，并让学生和家长互相宣传规则意识，相互监督行为规范，同时，向家庭社会宣传规则规范。

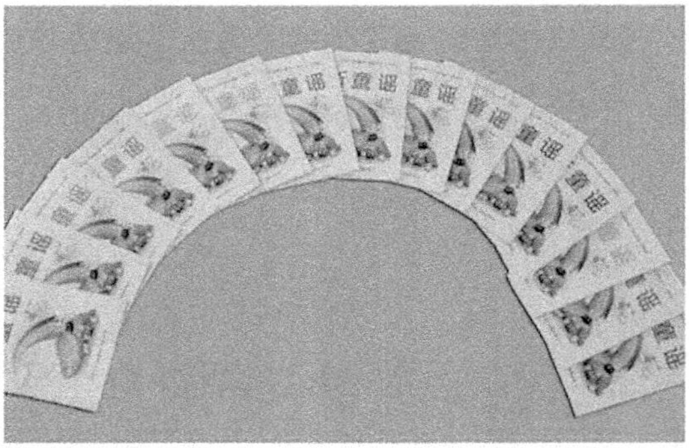

图2　童谣作品集

教师指导高年级学生和部分文化水平较高的家长尝试创编新童谣。教师指导学生和家长发现生活中的文明现象和不文明行为，并针对这些现象和行为创编出富有教育意义的童谣。教师在指导学生和家长修改后再筛选优秀作品集结成册。

图 3　童谣情景剧

三、 案例影响、成效和体会

自 2018 年邳州市定点学校“诵童谣 · 学规则”特色教育项目开展以来，立足于培养规则意识、提高综合素质，项目内容切合实际，深受学生和家长喜爱。一年一度的“唱响新童谣”展演活动，受到了学生和家长的好评，大家积极参与，自编、自导、自演新童谣，有童谣歌曲、童谣情景剧、童谣舞蹈、童谣朗诵等多种形式。到定点学校观看展演活动的学生、家长及社会各界人士年年都有所增加，群众报以好评，社会反响热烈，同时也引起了媒体的广泛关注。

图 4　童谣歌曲展演活动

新童谣活动的开展，使学生和家长的综合素质明显提高，学生的语文学科素养显著提升，读童谣、唱童谣、编童谣成为很多学生和家长的兴趣爱好。对童谣的创作热情，使学生和家长也更加爱好读书，把读书当作一种享受和追求。学生和家长在家、在校、在社会的行为习惯逐渐规范化、文明化，在社会上形成良好的影响。

苏州工业园区公益课程进社区惠民项目

一、项目背景和基本情况

2017年，苏州市工业园区教育局公布《苏州工业园区关于开展公益课程进社区活动的实施意见》（苏园教〔2017〕8号）（以下简称为《意见》），正式启动公益课程进社区惠民项目。该《意见》对公益课程开设的基本原则、组织管理、课程数量和经费标准等作了具体规定。课程分春、秋两季，按照“就近社区、适应需求、优胜劣汰”等原则开设，每门课程开课次数不低于15次，每次课程时长不低于90分钟，所有课程均免费向居民开放。

二、主要内容

公益课程进社区惠民项目采用四级管理体系，由园区教育局负责政策引领，制订公益课程项目相关制度、年度实施计划，统筹经费发放等全局工作。园区开放大学负责组织管理，开展课程遴选、追踪管理、质量把控、评选工作，逐步建立公益课程精品课程库。各街道社区教育中心负责具体实施，上报公益课程、开展课程推广、协助做好课程招生及考核工作。各社区居民学校负责提供教学场所及教学设备，组织公益课程的日常教学。

在实施过程中，各部门相互配合，细化了课程遴选。园区开放大学、各社区教育中心走进社区实地了解居民需求，通过问卷调查、居民访谈、委托第三方机构调研等多种形式，了解当下园区居民在终身学习氛围下所关注的热点，认真分析园区居民的年龄、学历、职业背景等特征，提出满足居民所需、突出区域特色、覆盖各年龄层次的具体要求，由园区开放大学统一部署公益课程的上报工作。

2017 年全年,苏州工业园区上报公益课程建设项目 421 个。园区开放大学在汇总整理之后,综合考虑课程同质性、区域差异性、开设可行性等因素,全局把控协调,最终遴选了 190 门公益课程建设项目,选取率为 45. 13%。2018 年上报建设项目 230 个,最终遴选 117 个课程开课,选取率为 50. 87%,较上一年略有增长。

图 1　公益课程进社区之书画课程

图 2　公益课程进社区之舞蹈课程

公益课程进社区惠民项目采取线上、线下多渠道宣传教学信息的办法。线上主要是通过广播、媒体等平台发布公益课程开课信息，发挥园区教育局公众平台、园区开放大学公众平台、街道社工委等网络平台协同作用，及时发布招生信息、课程信息和报名指南。在线下，园区开放大学及各街道社工委在园区所有居民小区张贴宣传海报、分发口袋书，确保社区居民对公益课程信息应知尽知。

加强师资队伍建设，全力优化公益课程的师资力量，确保将优质师资投入公益课程中。公益课程师资队伍主要由园区开放大学教师、社区教师师资库以及社区内教育机构外聘教师构成。对参与公益课程的教师，园区教育局拨付专项经费，给予150元/课时的补贴。为了进一步提升教师参与公益课程的积极性，2018年公益课程的课时补贴标准提高至200元/课时。

规范日常管理。公益课程开课之后，园区开放大学安排专人实时跟踪，随时抽查课程进展情况，及时掌握出勤信息，严肃课堂纪律，记录课堂内容，把控上课质量，收集学员反馈，累积考核资料等，确保公益课程有管理、有组织地进行。各社区教育中心负责组织区域内课程的正常开展，整理公益课程信息、做好学员考勤管理、反馈教师学员的意见建议、收集课程资料信息，从区域层面把握课程整体进度，保证公益课程的正常开展，并相互借鉴学习、创新管理举措，涌现出各具特色的管理办法。

加强课程考核。在每季课程结束后，园区开放大学以考核课程内容和教学质量为核心，根据课程开设期间走访检查的情况、教师教学过程性材料以及学员满意度测评结果等，对课程实施进行考核，每季筛选出一批品质优秀、受居民喜爱的精品课程，淘汰一些考核不合格或不受居民欢迎的课程，并对课程进一步完善提出意见。每季评选出优秀公益课程20门，并将优秀公益课程以微课程的形式制作上传至园区全民终身学习平台，便于居民进一步学习。

图 3　少儿科普课程

图 4　瑜伽课程

三、 成效及影响

苏州工业园区公益课程进社区活动自 2017 年春季推出以来，居民反响热烈。至 2019 年春季已开展五季，每季百余门课程，共有六万余人次参与其中。在课程设置上，公益课程包括思想教育课程、传统文化课程、休闲课程等。在课程对象上，做到全面覆盖。公益课程所有费用从园区财政社区教育专项资金中列支，2017 年专项经费为 73 万，2018 年专项经费为 120 万。

由于园区公益课程体系设计科学，课程遴选切合居民的实际需求，很多门课程一经发布，就被居民选中，在居民中掀起学习的热潮。公益课程不仅满足了居民学习需求，而且提高了社区居民的素质，促进社区和谐发展。

自公益课程开设以来，全区万余名居民参与学习。在公益课程的引领带动下，园区居民投入终身学习热潮，大家同学习、共进步，在公益课程学习中体验着成就感、获得感、幸福感，为学习型园区的建设营造良好的社会氛围。

书香墨韵染华山　朝霞夕阳相映红

——镇江新区翰墨社义务培训书画十八载

一、项目背景和基本情况

镇江新区华山村是一个有悠久历史的千年文明古村。为了传承古村文明，弘扬古村文化，1999 年 12 月 19 日，华山村成立了华山书画社（翰墨社前身），社长由德高望重的解小祥担任。他们精心制定活动计划，每月开展活动。几年后，该社吸纳了三十多名会员，经常举办书画作品展，坚持为全村 80 岁以上的老人和军烈属写春联、送春联、送祝福，向 60 岁以上的老年人送寿联，协助华山村社区书写宣传标语。2002 年春，老人们经过精心策划，决定以书画社的名义，义务开设少儿书画培训班（即现今翰墨社的雏形）。由社区提供场地，老人们自发捐赠钱物，义务开展辅导，从此，书画社的老社员们走上了义务施教、传承墨香的道路，而且一干就是 18 年。2002 年创办暑期少儿书画培训班，2014 年书画班与石桥中心小学两家“联姻”，充分发挥各自资源优势，成立了新的书画社，书画社也有了个响亮的名字——翰墨社。

二、主要内容

（一）拉手学书画，墨香润心田

与学校携手，开展学书画活动。翰墨社的老人们在原先教材的基础上，编写了书法初级、中级、高级及国画入门 4 本书画教材，邀请书画名家一起对石桥小学年轻教师施教、做讲座，抽时间为年轻教师批阅学生书画作业。翰墨社每周安排三位经验丰富的老教师，分三次到校，为翰墨社学员授课，给年轻教师上示范课，老教师们不图名利，不计报酬。

与青少年携手，开展学书画活动。老人们不仅在暑期为孩子们义务辅导，而且开学后仍每人每周坚持到学校一天，辅导翰墨社兴趣班小学员，协助年轻教师批阅学生书画作业，同时给学校年轻教师上示范课，培养后备力量。

图1　手拉手学书画

（二）“翰林”传墨香，“雏凤”齐欢唱

翰墨社规模由原来几十名学员的“小作坊”，扩大到现如今五百多人的“翰林”大学堂；辐射范围由原来的华山片区扩展到周边石桥、儒里、姚桥、平昌片区；受益对象由青少年发展到学生家长，形成了新区社区学院指导扶持、社区和学校共同参与的社区教育学习共同体。翰墨社的规模扩大了，师资也有了保障，由开班初的三四位老人，发展到现今的四五十人的专业队伍（含省市区书画协会特聘专家）。

有了梧桐树，自然就引来金凤凰。“江苏省少年书画辅导示范基地”“镇江市少年书画辅导示范基地”和“镇江新区书画辅导示范基地”落户翰墨社。从此，由省市书画协会、社区学院、农村民间组织和学校联动的组织——翰墨社，掀开新的篇章，焕发出勃勃生机。省市书画协会、社区学院每年定期派专家来翰墨社义务指导，社区学院负责考察翰墨社工作开展情况，每年年底对基地进行考核验收。基地的落户，也引起了新区相关职能部门的重视，给予政策支持和资金赞助，社区学院每年给予专项资金帮扶，确保翰墨社活动的正常开展，在业务指导和资金方面都有了保障，翰墨社工作步入良性发展的轨道。

营造浓浓的书画氛围，让学生喜爱书画文化。近年来，翰墨社收集师生及名家的优秀书画作品，打造书画长廊；精心装饰书画教室，利用宣传橱窗，宣传书画成绩；每年举办一次书画艺术节，学生自己办画展，书画爱好者现场表演书画技艺，义卖书画作品。浓厚校园书画氛围，极大地调动学生参与书画的积极性。孩子们徜徉在书画艺术的海洋里，接受书画美学的熏陶，感受着民族传统文化的美。

图 2　翰墨社书画艺术节现场

三、 成效和影响

翰墨社以"教书法知识，育合格新人"为宗旨，让学员不但能写漂漂亮亮的中国字，还要做堂堂正正的中国人。建社十多年来，翰墨社授课时间由暑假拓展到每周、每天；师资由原来的几个书法爱好者，扩大到学校老师、书画协会专家；受众范围由以往的一个华山村，遍及到整个石桥学区，假日培训由石桥片区拓展到平昌片区，办学点由石桥小学向平昌小学拓展，兴趣班从

1 个综合班发展到低、中、高级 5 个班。教学内容原来主要是硬笔书法，后来增加了软笔书法和国画，从启蒙学笔画到学写字、写词、写条幅、写对联、写诗词。小学员们从被动学习转变为主动学习，兴趣越来越浓，积极性越来越高。

翰墨社学员参加书法比赛荣获各类一、二、三等奖者达 70 余人次，展出获奖作品 300 多幅。仅 2017 年、2018 年两年，在省级书法等级考试中，翰墨社学员有 12 人达到六级，57 人达到五级，89 人达到三、四级，63 人在国家、省、市级儿童绘画大赛中获奖。翰墨社许多会员还参加全国、省、市各类书法大赛，多次荣获金奖、银奖。

邗江区新家庭教育实验

——扬州市社区教育创新实践案例

一、 项目背景和基本情况

新家庭教育实验是由扬州市邗江区教育局于2017年联合相关部门,引入社会教育资源,通过系统开发的课程、创新多样的活动,发挥社区家庭教育服务独特优势,构建完善家庭服务体系,对社区家庭教育施加影响,推动父母与孩子一起成长,构筑家庭、学校、社会“融教育”大格局。新家庭教育实验已走进35 000多户家庭,使6万多名家长改变了家庭教育理念。

2017年11月,新家庭教育实验工作推进会召开,同时出台了《邗江区关于新家庭教育实验工作的实施意见》(以下简称为《意见》)。在此《意见》指导下,邗江区充分发挥自身优势,按照“共育共建、共享共生、多元互动、资源融合”的要求,汇聚和整合各类主题教育资源,采取“创新驱动、项目实施、系统化推进”策略,形成丰富多元、接地气、受欢迎的品牌特色项目。

二、 主要内容

开展“一个孩子的研讨会”活动。关注每一个有发展需求、面临成长困惑或有特殊心理问题儿童,汇聚家长、班主任、德育主任、校长及教育专家等资源共同“会诊”,解决孩子成长问题。

图 1　“一个孩子的研讨会”活动现场

构建“一家一课程”家庭教育指导体系。针对家长们在家庭教育过程中的现实需要，结合家校共育过程中的成功经验，邗江区内相关学校的一线教师和教育管理人员，从生命教育、品格塑造、学习策略、亲子关系、能力提升等维度，进行全方位“菜单式”指导，相继发布了《好父母指南》《好学生指南》《家长义工指南》《邗江区新家庭教育实验指导手册》等手册。

图 2　“好父母指南”发布会

开展社区家庭教育公益沙龙。由社区教育中心牵头，联合学校、社区及社会有资质的办学机构组织专家开展讲座，帮助家长转变教育观念，提升家庭教育水平，增长家庭教育智慧，帮助家长了解孩子的需求，调整家庭教育方式，提升家庭教育品质。

图 3　“好父母”沙龙活动现场

开展家、校、社家庭教育“种子教师”培训服务。举办萨提亚模式转化式系统治疗专业训练和正面管教研修班，以培训家庭教育“种子教师”为抓手，提升邗江区教育管理者家庭教育工作服务本领、业务能力。

图 4　“种子教师”培训

开展社区家庭教育课题研究服务。邗上街道社区教育中心申报的江苏省社会教育规划课题“新家庭教育实验在社区教育中的实践研究”，立足于新家庭教育实验,探索家庭教育模式。

举办"百草园学堂"活动。为推进家庭文明建设,传递科学家庭教育理念,传承良好家风,邗江区教育局于2017年3月建设"百草园学堂"活动平台。全区多个社区开设"百草园学堂"幸福父母大讲堂,先后组织家教讲座87场次。

图5 "百草园学堂"幸福父母大讲堂

三、成效及影响

2016年8月,全区启动"千名教师访万家"活动,全区3 300多名教师先后走进35 000多户家庭,征集家长各类意见建议1 000多条,活动获邗江区创新创优奖第一名,《新华日报》、《江苏教育报》、交汇点、中江网等省级媒体先后做专题报道。2017年3月,全区建设"百草园学堂"活动平台,先后组织87场次面向家长的家教讲座。新家庭教育实验项目举办"一个孩子的研讨会"50多次,举办社区家庭教育公益沙龙,让2 000多名家长改变家庭教育理念,改善教养方式,逐步形成家庭、学校、社区三位一体的"融教育"格局。2017年11月,根据《邗江区关于新家庭教育实验工作的实施意见》,全区举行"新家庭教育实验工作推进会",强化家校共育机制,营造良好育人环境,探索形成"同心、同步、同向"、"全员、全程、全方位"的富有区域特色的"融教育”新格局。

2018年10月13日，全区成功举办“新家庭教育峰会”观摩研讨活动。教育部官网、江苏省委研究室的《调查与研究》、江苏省教育厅的《专报消息》、扬州市委《扬州内参》及新华社、中央电视台、《中国教育报》、《光明日报》、《新华日报》等媒体先后做了专题报道。同时，以新家庭教育实验为抓手，全区成立第一家家校社联盟，建立全国第一个新家庭教育博物馆、共成长体验馆、家风展示馆，建立全国第一个家庭教育名师工作室。2019年3月，全区发布《邗江新家庭教育实验指南》，内含《好父母指南》《好老师指南》《好儿童指南》《家务劳动指南》《文明使用手机20条》等教育条目，指导新家庭教育实验参与主体的各项实践操作。出版了《邗江区新家庭教育实验指导手册》，包含幼儿、小学、中学三分卷的内容。2019年5月24号，全区召开“2019年江苏省新家庭教育实验“家长义工模式”研讨会”，对家长义工的内涵、定位及其价值进行探讨，明确新时期家长义工参与学校管理的目标、内容、方法、路径、技术及资源利用。

教育活动与项目

乐学竹西

一、项目背景和基本情况

“乐学竹西”是扬州市邗江区一个有着浓郁地方特色的社区教育品牌项目，由“四个”板块（“乐文竹西”“乐艺竹西”“乐动竹西”“乐善竹西”）和“两大”活动（“梦竹西”文化艺术节、“醉美竹西”乐活节）组成，旨在通过丰富多彩的课程或活动，引导居民做一个有文化、有情趣、有身体、有爱心的人。

二、主要内容

“乐学竹西”项目于 2015 年 12 月正式立项，2016 年 2 月起实施，依托“三个讲堂”（竹西文化大讲堂、幸福父母大讲堂、新市民大讲堂）和“两个节”（“梦竹西”文化艺术节、“醉美竹西”乐活节），年培训 1.2 万多人次。2017 年起，邗江区竹西街道社区教育中心紧紧抓住与江苏开放大学学习苑共建的机会，引进扬州开放大学优质的教育资源，使该项目有了质的飞跃。

“乐文竹西”创建了“竹西文化大讲堂—居民文化读本编写—游学项目”的模式，截至 2019 年，共举办竹西文化大讲堂 4 场和“扬城寻根”游学活动 2 场，参与人数近 5 000 人；编写了《竹西佳处》《历代名人咏竹西精选诗词 50 首》等读本。“乐艺竹西”创建了优秀学习共同体——“梦竹西”文化艺术节的模式。2017 年，邗江区竹西街道社区教育中心从全街道 50 多支文艺团体中遴选出 12 支优秀学习共同体，引进扬州开放大学师资。高校教师的加入，不但弥补了中心教师数量和专业的不足,更改变了中心课程质态不高的现状。经过两年的打磨,每一支队伍都取得了长足的进步。劲松合唱团多次受邀参加如“江苏民歌大赛”“扬州市老年教育汇报演出”等大型演出活动,团员郝铭钟面对记者采访时曾激动地说:“我是一名失地农民,做梦都没有想到,自己会有一天能到这样的大场子唱歌给别人听”。“三长”书画社社员王瑞龙、童石清在扬州艺术学院国画专业周湛清副教授的指导下,技法得到了极大提高,先后出版了自己的书画集《瑞龙书画集》和《竹石》。竹西诗文社社员杨翔平创作的《化作春涛融冰雪 · 人心深处艳阳天——赞江苏省法治名人何春涛》获司法系统“法治梦想 · 梦想法治”邗江青年写诗 · 诵诗一等奖。摄影家联盟会员陈建新的摄影作品《瘦西湖的早晨》获2018“水韵江苏”江苏省摄影大赛唯一的一个特等奖。

“乐动竹西”创建了市民健康讲堂——文体活动+“醉美竹西”乐活节的模式。邀请扬州苏北人民医院专家名医来竹举办市民健康讲堂12场,邀请扬州体育协会举办竹西篮球、空竹、羽毛球邀请赛各1场。2018年10月,举行的“醉美竹西”乐活节,深受居民喜爱。

“乐善竹西”创建了道德讲堂——邗江好人馆的模式,先后邀请“仁义校长孟宪才”等4位省、市级好人来竹西讲述他们的故事。据不完全统计,中心邗江好人馆2019年共计开馆120批次,接待社会各类群体参观6 000余人。此外,中心还针对失地农民对孩子的教育缺失或期望过高等现状,成立了竹西街道新家庭教育指导工作站,先后邀请中国博瑞智家庭教育中心扬州站负责人杨彭嵛,江苏省特级教师、教育家培养对象冯长宏,举办新家庭教育父母大讲堂和“一个孩子的研讨会”各4场次,惠及家长和儿童近千人。

三、 成效及影响

2018年2月,“乐学竹西”微信公众号正式推出。公众号的标识为圆形,意为完整。外圆是中文名称及拼音,内圆图案由竹西、运河、古亭、楼阁以及飞扬的人组成,意为社区教育要扎根竹西本土文化、要以人为本。

2017年5月,竹西街道成功申报并创成全国第四批学习型(乡镇)街道;

6 月，江苏省教育厅副厅长曹玉梅视察了竹西街道社区教育中心，对中心建设学习苑、打造“乐学竹西”教育品牌予以充分肯定；10 月，中国成人教育协会“学习型农村建设体系化模式项目”研讨会在中心举行；11 月，中心被中国成人教育协会吸收为会员单位。2018 年 12 月，中心被江苏省社会教育服务指导中心表彰为“江苏省社会教育先进集体”。“乐学竹西”被扬州市教育局表彰为扬州市社教富民五个一批“优秀学习共同体”。

图 1　“乐学竹西”标识

莫愁家韵

一、项目背景和基本情况

南京市建邺区莫愁湖街道水西门社区位于风景秀丽的莫愁湖畔，社区以老旧小区为主，居民素质两级分化，既有劳改释放人员和吸毒人员，也有一批荣获过市级以上荣誉称号的先进代表。为了发挥先进典型的示范带动作用，发挥无形家风的有形力量，让家国情怀成为家教传承、生命自觉、精神信仰，水西门社区从 2015 年初开始打造“莫愁家韵”家风家训教育品牌，力图通过轻柔、绵密、悠远的教育，让如玉、似光、流金的家风、家训、家学、家韵，世代相传，生生不息。

“莫愁佳韵”标识以棕色为主色，由篆体中文“家”和一大一小两个小花蕾组成。棕色代表水西门社区古朴、厚重的历史底蕴；一大一小两个小花蕾组成荷花图案包围着篆体“家”，寓意家和万事兴，家风代代传。整体图案代表着“莫愁佳韵”家风家训文化传承的显著成效。

图 1　“莫愁家韵”标识

二、主要内容

水西门社区从 2015 年初开始打造“莫愁家韵”教育品牌。2016 年江苏省首家家风家训教育基地在水西门社区揭牌，社区依托此基地，从“展家风、晒家训、扬家学、现家韵”四个方面引导社区居民学习中华民族传统家风美德，践行社会主义核心价值观，真正做到外化于行，内化于心。

图 2　“好家风伴我行”活动

（一）楼堂馆所展家风

在莫愁湖街道社区教育中心指导下，水西门社区依托居民学校精心打造的家风家训教育基地，包括清风文化长廊、家风家训展示馆、书画老物件展示馆、党员居民立家规示范楼、家风家训工作室、家风家训主题广场六个有机组成部分，总占地面积逾 4 000 平方米。“大道之行”“继往开来”“见贤思齐”“正心齐家”等主题展示项目，与培育和践行社会主义核心价值观相结合，与精神文明建设相结合，与基层党建相结合，于无声的展示中，潜移默化、润物无声地影响着人们的心灵。

（二）诗词书画晒家训

以寻找、编写、传播“好家风好家训”为工作切入点，社区依托社区家风家训工作室、道德讲堂、党建网、莫愁微讲堂、莫愁家风家训公众号等载体，线上线下结合，开展优秀家风家训进社区、进学校、进企业活动；深入挖掘、树立、宣传身边的“好家风好家训”及感人故事；编印《莫愁家韵》《莫愁家语》两本作品集，举办家风家训书画作品展，创作四格漫画，制作印发水西门社区家风家训宣传台历。“社区家风好典型”“优良家风好人物”“夫妻共谱好家风”等主题教育活动的开展，展现夫妻和睦、尊老爱幼、科学教子、勤俭持家、邻里互助的传统美德，提升区域文明程度。

（三）歌舞诵读扬家学

社区打造以“家荷流芳”为代表的系列歌舞诵读活动，每周开展“家庭回忆录”家风家训主题故事会、朗诵会，每月开展“我的家风故事朗读会”和“我的家风微故事分享会”，每半年与一家主流新闻媒体合作开展“学家训、传家风、诵经典”大型广场活动，每逢传统佳节开展“佳节家韵”综艺活动。通过丰富多彩的活动，弘扬最美好家风，传递最强正能量。

图3　莫愁家韵作品集

（四）熏教润化现家韵

“莫愁家韵”品牌致力于寻文化之根、溯道德本源、聚集体认同、植家国情怀、强信仰力量。品牌建立以来，参与人数不断增加，覆盖范围不断加大，“莫愁家韵”加深了社区居民对家风的理解，社区不文明行为越来越少，家风好了，社会风气也就好了。

三、成效及影响

（一）接地气

社区通过“莫愁家韵”这一传承中华文明好家风的微观载体，先后组织开展了“社区家风好典型”“优良家风好人物”“夫妻共谱好家风”等评比活动，选取了一批居民身边的优秀典型，并将他们家风家训以及小故事制作成展板予以展示。这些贴近社区居民的身边人、身边事，更加平易近人，更易于引起广大居民的共鸣，引导他们了解、学习、树立良好的家风。

图 4　“月满家门口”家风活动

（二）聚人气

家风家训教育基地位处小区内部，是社区居民生活的基本单元，覆盖约 1.2 万人，无论是专程前来还是闲庭散步的居民，大家聚集在一起，在接受文化教育熏陶的同时也加强了交流、沟通了感情，该教育基地深受老百姓的喜爱。

项目实施以来，中纪委网站、中国纪检监察报、新华网、今日头条、《南京日报》等多家媒体进行了报道，吸引了山东、安徽、河南以及台湾等 200 余批次 2 万多人次参观考察。

（三）扬正气

好家风进楼道、党员居民带头立家规、寻找最美好家庭、好家风故事分享会、家风家训征集等活动，诠释了传统家规的丰富内涵与当代价值。

该项目被评为 2016 年江苏省党员干部远程教育示范基地、2018 年南京市和江苏省社区教育品牌案例、2018 年南京市市级党员教育实境课堂。社区还先后荣获全国和谐社区、全国减灾示范社区、江苏省民主法治社区和南京市市级社区文化活动室等多项荣誉称号。

老年教育医养教结合工程

一、项目背景和基本情况

作为全民终身学习的新载体，南通开放大学以服务教育现代化市级示范区建设为目标，坚持“开放、合作、服务、创新”的工作理念，面向全体市民开放和分享教育资源、提供优质的涵盖终身发展需要的教育服务。2017 年 2 月，国务院发布的《“十三五”国家老龄事业发展和养老体系建设规划》指出，开展养教结合试点，提升老年教育机构的基础能力。有鉴于此，南通开放大学积极推进“老年教育医养教结合工程”。2017 年以来，南通开放大学积极调研南通各大养老机构，了解养老市场现状，收集相关数据进行分析，寻找有意服务于社会公益的组织单位，逐步探索出“养教结合、教助并举——老年教育医养教结合工程”新道路，让更多的老年人通过受教育增强获得感和幸福感。

二、主要内容

（一）推进品牌服务的全面化

南通开放大学在建设全市四级管理服务架构的基础上，积极推进“老年教育医养教结合工程”工作，送教进社区。三年里成立了 100 多家老年教育学习苑，订单式课程派送直接进 100 多个社区，平均开设课程每年 300 多门次，内容贴近社区老年群体，形式生动多样。“医养教结合工程”重点推出老年人喜闻乐见的养生、保健、护理、家庭用药、营养、疾病预防、急性病应对方法等多种课程，受到社区老年朋友们的好评，“老年教育医养教结合工程”品牌深入人心。

（二）增强品牌服务的个性化

南通开放大学认真组织精准的调研工作，挖掘“老年教育医养教结合工程”服务的深度。南通开放大学社会教育指导中心主动走访南通各大养老机构，如南通市常青乐龄老年护理院、南通市阳光老年公寓、南通万年青老年公寓、南通万福护理院、如皋市九华镇的长寿养生园等，通过深入调研，掌握集中养老单位的老年教育最新需求，将老年教育从社区拓展到集聚养老机构，对社区教育服务内容进行个性化设计，从生理、心理和社会三个层面提供丰富多元的课程，增设专题讲座、现场体检、健康咨询等内容，帮助养老服务中心新增日常诊疗科室。

（三）助推品牌服务的扩大化

2018 年 1 月，南通开放大学和南通万福护理院启动“养教结合、教助并举——老年教育医养教结合工程”共建事宜。学校在积极开展医养教项目服务的过程中，主动联系全市社会爱心和公益组织，寻找有意服务于社会公益的单位组织，如南通市第一人民医院、南通市阳光爱心协会、江海志愿者等单位或社会组织，为实现该工程打下坚实基础，扩大品牌的社会知晓度和参与度。

（四）提高品牌服务的智慧化

南通开放大学“老年教育医养教结合工程”以老年教育为重点，倾力打造老有所教的电子化平台，启动智慧学习平台建设，充分利用“两网四平台”，为南通市所有老年人服务，着力建设“南通学习地图”。“老年教育医养教结合工程”采用网上网下联合进行的教学方式，结合“非遗文化进社区”项目，让老年人寓教于乐。同时将“名人名师工作室进社区”项目设进养老中心，丰富集中居住的老年人的闲暇生活，并组织老年人进入“社区教育文化体验中心”，让老年人在体验中收获快乐，在文化交流中陶冶情操，感受社区教育的魅力。

三、 实体基地成效及影响

“老年教育医养教结合工程”以服务全市老年人的终身学习为宗旨,以提高老年人的素质为目标,满足老年人终身学习的需求,营造浓郁的终身学习氛围。作为实现老年人“老有所学、老有所教、老有所乐、老有所为”的重要载体,“老年教育医养教结合工程”为推进南通市终身教育体系和学习型城市建设做出了新的贡献。经过多年的努力,南通开放大学社区教育品牌效应初现,社会效益不断提高。

(一) 品牌的覆盖广度和深度得到扩大

自 2017 年以来,学校致力发展老年教育,选派专业全、业务强、教学优的教师进社区,为老年人提供订单式的课程派送,2017—2019 年派送各类教育课程教学及活动 1 000 余场,直接服务社区居民数十万人次。

(二) 吸纳多个社会组织参与

一是师资构成多元化。南通开放大学“老年教育医养教结合工程”的教学师资来自社会各行各业,已有从业人员 1 000 多人。二是活动组织社会合作化程度加深。吸纳南通市阳光爱心协会、江海志愿者、大学生志愿者、教师党员志愿者等组织一起参与。

(三) 社会影响逐步扩大

南通开放大学的这一项目,从一开始就受到各街道社区、养老机构和老年人的热捧,南通政府网、南通电视台、《南通日报》、《江海晚报》等多家媒体均曾进行报道。

(四) 实验基地得到建设

多年来,“老年教育医养教结合工程”活动一直在各个社区进行,活动比较分散。2018 年 5 月,南通开放大学、南通市阳光爱心协会和如皋市长寿养生园三方合作,专门成立全新的老年教育实验基地,为各项实验项目的准备、研发、开展做好铺垫。

四、体会与展望

南通开放大学通过“老年教育医养教结合工程”的探索，不断突破“学校化”老年教育的认识桎梏，使老年教育走向养老机构，让更多的老年人通过教育增强获得感、幸福感。

（一）采用“校社企”三位一体全新模式

南通开放大学主动联系社会爱心和公益组织，吸纳多个社会公益组织参与，与社会公益组织和企业紧密协作，采用“校社企”三位一体（高等学校、社会爱心组织、老年机构）的组织架构，将老年教育从面向社区向面向老年机构延伸、拓展，服务者多元化，社会教育服务覆盖面不断扩大。

（二）服务内容呈现多元化

南通开放大学“老年教育医养教结合工程”，关注老年人的现实问题，结合老年人的身心特点，通力合作，共同制订教学计划，采用“医养教结合、教助并举”的方式，做到医疗咨询与保健养生结合、养老服务与教育活动结合，通过助医、助游、助购、助学等形式，提供多方面支持服务，让老年人在体验中收获快乐，在文化交流中陶冶情操，感受社区教育的魅力。

（三）培育一批老年志愿者

南通开放大学在建设“老年教育医养教结合工程”中充分发挥老年人的智力优势、经验优势、技能优势，积极培养老年教育志愿者，大力倡导开展“以老养老”的老年志愿服务活动。在参加志愿服务活动的过程中，充分展示老年教育的成果，分担部分社会养老职责，使老年教育更有社会价值。

学校充分利用社区教育的资源优势，大力推动南通养老事业的可持续发展，逐步形成完善的机制，促进学校与养老院之间的产教融合、医养结合，确保更多有需要的老人实现老有所养、老有所医、老有所为、老有所乐。

走合作之路，谋发展新篇

一、 项目背景和基本情况

宿迁市泗洪县高渡镇境内的水产品养殖厂和加工项目点数量较多，但大多属于“单打独斗”的类型，互相之间没有什么联系，也缺乏一定的科技支撑，因而导致抵抗风险的能力偏弱，出现“年年经营，年年亏损”的尴尬局面，即便是盈利，也只是略有盈余。没有科技支撑的弊病逐渐体现，现代化的科学种、养殖技术的缺乏，成为制约泗洪县高渡镇广大水产经营户进一步做大做强的症结所在。同时，当地学校在开展学生综合实践活动的过程中，缺乏相对固定的教育地点，教育活动因而变得较为随意，教育效果也无从保证。为了打破这一困局，促进农村经济迅猛发展，为新农村建设添砖加瓦，为学校教育提供合适的教育场所，经当地政府牵线搭桥，2013 年 9 月，高渡镇社区教育中心与正丰水产科技有限公司展开合作，创建周岗嘴青虾养殖教育服务“三农”基地，联合教学与实践。

二、 主要内容

（一） 完善培训中心，在基地建成科技成果转化的窗口

基地建有培训中心，培训中心占地 6 亩，建筑面积 1 500 平方米，设有专职教师 6 人，兼职教师 22 人，配有电子阅览室、图书室、书画室、娱乐室等，各场地功能齐全，教学设备先进。培训中心主要开展农民技能培训、创业培训、技能培训、岗前培训等，经过多年探索，逐步形成了理论与实践相结合的特色培训体系，年培训能力达 1 200 余人。

基地建成后，发挥农科教协同育人示范作用，社区教育中心以示范基地为载体，探索培训新型农民新途径、新模式。开展农科教结合实验，集人才培训、项目实验、科教推广、信息咨询为一体，与家庭农场、专业大户、农民合作社、农业产业化龙头企业等新型农业经营主体紧密合作，以点带面，示范辐射，为广大农民提供示范，促进农业增效、农民增收，推动发展。

加快培育新型职业农民队伍。充分发挥基地的教育培训功能，积极开展农业生产技能培训，吸引并帮助愿意投身现代农业建设的大中专学生、返乡农民工、基层农技推广人员和退伍军人等加入新型职业农民队伍。不断提高培训的针对性和有效性，培养一批生产经营型、专业技能型和社会服务型新型职业农民。

大力开展创新创业培训。深入开展创新创业培训进乡村活动，对有创业要求和培训愿望、具备一定创业条件的返乡大学生、农民工、退役士兵及处于创业初期的创业者开展创业培训。积极开展大学生村官、新型职业农民、农产品经纪人、乡村生态旅游负责人等人员创业培训和农民网络培训。

积极推动渔业科技成果转化。依托社区教育科技、人才优势，集成推广现代渔业生产技术，实行农科教、产学研结合，加快科技成果引进、吸收、集成和创新，为研发集成新技术、培育壮大养殖新产业项目创造条件，力争把基地建设成为现代渔业新技术成果转化的示范性窗口。

图1　组织学生参观

（二）运用互联网+，打造具有现代特色的教育实践基地

定期向当地学校开放，组织孩子们到基地来参观学习，开展主题鲜明的综合类实践活动。让孩子们在亲身体验中充分感受现代农业、渔业的魅力所在，在他们心中播下一颗致力于新农村建设的种子，为建设强富美高的新江苏培育更多的建设型人才。基地建设方向是建成现代渔业生产、养殖技术示范区，农业产业技术培训基地，“公司+基地+科技+培训+专业合作社”示范辐射基地，农村特色文化景观体验观光旅游基地，互联网+特色生产推广服务基地，从而将该片区打造成苏北地区独具特色的现代生态渔业产业基地。2013年底基地建成，泗阳县已明确将青虾作为今后几年主要的渔业品种之一，政策支持力度大，资金倾斜，发展有潜力。县委、县政府已制订了青虾产业发展规划，以国家级洪泽湖青虾水产种质资源保护区为基础，通过良种繁育、生态养殖、果园经营、立体物流、产品深加工、互联网销售等方式的实施，逐步发展壮大青虾产业。在此过程中，企业将紧密依托社区教育中心的师资优势，面向种、养殖户进行卓有成效的科技培训，通过培训逐步提升他们的技术，提高他们抵御自然风险的能力，把科技转化为生产力，进而为农民的增收致富奠定坚实基础。同时，社区教育中心通过与企业、专业户的合作，进一步拓宽了教育的项目和内容，深化了对于种植、养殖产业的科学、具体的研究，从而为今后的教育推进提供了较为科学的实践和理论依据。

（三）上下联动，不断提升基地的辐射带动作用

基地上靠江苏农林职业技术学院、江苏泰州农牧科技职业学院、宿迁农科院等科研院所，依托高渡镇社区教育中心和泗阳县农委的政策、师资、技术力量，下联专业合作社、种植养殖大户，对基地辐射区内的农民进行农业技术培训。培训采取理论学习和实际操作相结合的方式，每年培训6期，年总计培训人数达1 500人次，使合作社社长、种植养殖大户、基地辐射范围内的农民都能熟练掌握种植技术、养殖技术、农副产品加工技术，使农民增收、农业增效有了科学保障。

泗阳县人民政府高度重视养殖基地建设。该基地于2015年被列入县政府五十件重点工程。县、镇领导经常深入基地了解情况，协调工作，形成统筹协调、统一部署、分工负责、合力推动的良好局面。在政府有关部门的关

心支持下，基地以泗阳县水产站为技术依托单位，聘请江苏农林职业技术学院、江苏泰州农牧科技职业学院、宿迁农科院的专业人才为技术指导，和高渡镇社区教育中心联合创建，利用雄厚的师资，形成一支素质优良、甘于奉献、扎根乡村、专兼结合的技术人员队伍。此外，还邀请市内外专家担任专职技术及管理人员或基地顾问，聘请市农科院吴学军院长担任顾问，聘请县水产指导站的李永、丁广成、倪前干担任水产养殖老师，聘请淮安饲料厂的陈前志技术员担任养殖老师，帮助承担生产经营、科技推广和教育培训等工作。政府的高度重视，为基地土地流转、协调培训师资等提供有力支持和保障。

社区教育中心已经在全镇范围内指导建起果园生产基地200多亩，技术扶持专业经营600亩，青虾养殖基地3 000亩，莲藕栽培4 000亩，带动周边农户三千余户，辐射全县，带动万余户农民致富，基地的引领作用和重要地位得到经营户的交口称赞。

图2　专家研讨会

三、成效及影响

农村现有农业从业人员是现代农业建设的有生力量。在工作的过程中，社区教育中心不断优化培训理念，提升农村从业人员职业能力及创新能力。近年来，社区中心利用基地产业优势，积极开展农民培训工作，培训对象侧重新型农业经营主体：一是种植、养殖大户，家庭农场主，进一步提高其在规模化条件下的生产经营能力；二是农民专业合作社牵头农户，提高其农业标准化生产水平及经营管理能力；三是农业龙头企业负责人，提升其企业管理水平和创新能力；四是社会化服务组织的骨干人员，提高其专业服务水平。2016 年，社区教育中心共培训新型农业经营主体 5 000 余人次，其中培训家庭农场主、种养大户 2 300 多人次。

社区教育中心还把培训课堂移到田间地头、果林渔场、猪圈鸡舍、食用菌房、塑料大棚等学员熟悉的农业生产场所，让受训学员通过直观的感受和直接的操作，获得技能的提升。中心还以现代信息技术为主要培训手段，建立网络教学平台，开发 30 门网络课程供培训学员随时点播学习，利用网络和视频系统，开展远程田间病虫诊断，给农民提供生产指导。先进网络技术的应用，使农民培训取得事半功倍的成效。

近年来，基地研发推广“青虾池塘养殖、莲藕套养、鱼虾混同养殖、大棚果蔬”等四个特色产业，有效带动区域经济发展，还建立“专家—基地—示范户—辐射带动户”的技术服务网络，成立讲师团、专家工作站、科技服务队，以集中培训、现场观摩指导、进村指导、网上“专家在线”和“科技富民热线电话”等多种方式进行服务。重点培训能帮助和带领农民走向市场的家庭农场主、专业合作组织带头人以及农村生产技术骨干、科技致富能手等。

“忠孝润东社”社区教育品牌项目

一、项目背景和基本情况

“忠孝润东社”是南通市通州区东社镇社区教育中心着力打造的全国城乡社区教育特色品牌项目。该项目以“弘扬忠孝文化，助力美丽东社”为主旨，依托通州忠孝文化园这个坚强阵地，坚持贴近实际、贴近生活、贴近群众的原则，遵循“依托园藏、立足本地、教育为本、注重特色”的思路，通过开发忠孝文化的教育资源，开展忠孝文化的系列活动，组织忠孝文化的评比竞赛，发挥忠孝文化引领风尚、教育人民、服务社会、推动发展的作用，努力使忠孝文化的基因根植于每个居民心中，并发扬光大。

位于南通市通州区东社镇的忠孝文化园是国内唯一一家系统融合忠孝文化精髓，以传承忠孝文化为己任的综合性园区。忠孝文化园具有明末清初江南园林的建筑风格，总占地面积约 160 亩，总投资达 3 亿多元。园内设有石雕孔子像、忠孝赋石刻长卷、忠孝文化长廊、忠孝石雕园、思苑、多功能厅、图书阅览室、忠孝坊、中华柱、聚宝阁、百名将军书法展厅等景观，以独特的视角，生动地展现了忠、孝两大中华民族传统美德。自开园以来，四海宾朋纷至沓来，已先后接待近 100 万人前来参观学习。东社镇社区教育中心充分依托忠孝文化园，在镇党委政府的领导下，不断强化管理，建章立制，优化举措，开展活动，倾心打造“忠孝润东社”社区教育品牌。

二、主要内容

（一）做好制度建设

通州区东社镇党委政府专门成立“忠孝润东社”社区教育品牌项目领导

小组，党政一把手亲自挂帅，各部门的相关人员组成工作小组，下设专门的办公室，社区教育中心的负责人兼任办公室主任，负责协调品牌创建的日常工作。领导小组定期召开会议，讨论研究阶段性工作。制订并完善推进品牌建设的长效机制和管理制度，实现科学化、制度化、规范化管理，修订《“忠孝润东社”品牌建设规划》。

2017 年，东社镇成功成为全国社区教育示范乡镇。为了不断打造好“忠孝润东社”社区教育品牌项目，东社镇加大忠孝文化园建设投入力度，在原有 24 忠、24 孝的基础上，通州区人民政府拨付专项经费 100 万元，增加忠孝赋石刻长卷，新建一座以忠孝文化为内容的石雕牌坊，新建长度为 100 米的爱国主义教育宣传栏。通州区人民政府拨付 500 万元专项经费用于孔子像安装工程。日后还将规划设计忠孝书院，计划总投资 1 500 万元，占地面积约 30 亩。

（二）开展主题活动

东社镇充分利用忠孝文化园、镇社区教育中心、镇综合文化站和各村居各单位公益文化服务设施等资源，广泛开展生动活泼、形式多样的“忠孝润东社”文化活动。组织举行“忠孝润东社”文化系列活动启动仪式。在广大青少年中开展“忠孝文化沙龙”活动，包括“团结互助友爱、共建和谐东社”大家谈，“敬老爱老、孝顺为先”“学习雷锋、助人为乐”“祭扫烈士、不忘历史”等社会实践，开展“忠孝之家”评选等；组织“五老”报告团，以忠孝为主题，结合学习雷锋精神、社会主义核心价值观、践行中国梦等主要内容进行宣讲，每年为青少年做报告十多场，听报告人员达 6 000 余人次。社区教育中心开设“忠孝文化 · 百姓讲堂”公益讲座，举办文体比赛，组织本土书画爱好者进行忠孝主题书画创作。镇工会、妇联、团委组织年轻镇村干部开展爱国歌曲大家唱活动，以独唱、小组唱、大合唱形式进行比赛和展示，同时组织年轻党员和团员到敬老院参加义务劳动。辖区内各中小学校积极开展忠孝案例编撰、忠孝故事选读、忠孝典型宣讲、忠孝书画比赛等活动，大力宣扬忠孝文化。东社学校开发《忠孝文化》系列校本教材，将忠孝文化作为学校常态教学内容，让学生接受忠孝文化的教育熏陶。组织学生在孔子石雕像前举行“尊师重教弘德自强”的祭孔活动。

在品牌领导小组的统一规划下，社区中心组织开展好“忠孝润东社”文化大荟萃活动。党委组织部门开展迎“七一”系列活动，宣传部门重点在全镇范围内做好“十佳忠孝之家”的评选工作，充分利用广播、电视、报刊、微信等媒体和平台，全方位推介“忠孝润东社”社区教育品牌项目；组织开展“忠孝杯·发现东社美”摄影大赛活动，社会事业服务中心做好《东社镇忠孝文化服务指南》的编撰、印制和发放工作，扩大群众知晓率。社区教育中心及各村居各单位通过设立“忠孝润东社”文化专栏，创设活动氛围，及时发布活动内容，吸纳群众参与，提高参与率。

针对群众文化需求多层次、多样化的特点，社区中心组织“忠孝润东社”文艺汇演，组织好“忠孝润东社”专场演出，各业余团队走进村居文体广场、服务中心广场开展全民健身活动，推动群众健身文化活动的开展。社区中心创作小品、相声、快板、舞蹈等群众喜闻乐见的文艺作品，组织送戏下村；通过承办忠孝廉文化艺术节，在重要时间节点开展文化展演，邀请知名书画家到基地举办多场书画挥毫互动活动，并将活动中涌现的优秀书法作品印制成册免费发放，彰显忠孝文化园作为爱国主义教育基地的文化底蕴，打造具有特色的爱国主义教育基地文化品牌。

三、成效及影响

“忠孝润东社”社区教育品牌项目，丰富忠孝文化内涵，进一步弘扬孝老爱亲的传统美德，促进家庭和睦、社会和谐。目前，忠孝文化日益成为南通乃至江苏地区的特色旅游品牌，大大提升了东社镇和通州区的知名度和影响力，促进区域经济文化交流融合，有效助力南通建设。

“忠孝润东社”社区教育品牌项目作为南通市社区教育品牌项目，先后有人民网、新华网、新浪网、中国江苏网、《新华日报》、《扬子晚报》、《现代快报》等媒体进行宣传报道。“忠孝润东社”社区教育品牌活动的基地——忠孝文化园，先后被授予“江苏省社科普及示范基地”“江苏省党风廉政教育示范基地”“南通市爱国主义教育基地”“南通市青少年思想道德教育基地”等荣誉称号。

助力沿湖村规划发展，
建设沿湖村品牌学习社区

一、项目背景和基本情况

党的十九大做出“实施乡村振兴战略”的重大决策部署。习近平总书记在中央农村工作会议上深刻阐述实施乡村振兴战略的重大意义，会后出台了《中共中央国务院关于实施乡村振兴战略的意见》。为贯彻中央农村工作会议精神，2018 年江苏省委省政府出台一号文件《中共江苏省委江苏省人民政府关于贯彻落实乡村振兴战略的实施意见》，为江苏乡村振兴提供政策保障。

沿湖村位于扬州市邗江区，地处邵伯湖西岸。沿湖村距市区 20 公里，距扬溧高速瘦西湖入口 10 公里，紧邻邵伯湖堤顶公路和 611 省道，是扬州市唯一从事渔业生产的行政村。全村面积 0.8 平方公里，现有村民有 430 户，共 1 620 人，村党总支以渔业生产片区划分，下设 3 个党支部，共有党员 57 名。沿湖村耕地只有 76 亩，而 1 100 多亩滩涂和广袤的邵伯湖水域就成了沿湖村村民养家乐业的“聚宝盆”，渔业养殖收入是村里最重要的经济来源。

国家南水北调工程启动后，作为重要的清水北上输送廊道，邵伯湖因高密度的水产养殖而不堪重负。2017 年初，全省启动“两减六治三提升”环保专项行动，简称“263”行动。为推动高邮湖、宝应湖、邵伯湖沿岸 3 公里范围内实施“三退三还”政策（即退耕、退渔、退养，还林、还湖、还湿地），沿湖村面临着如何“放鱼养湖”“退养还湖”和“靠湖吃湖”等转型发展问题。

自 2015 年起，扬州开放大学坚持贯彻市委市政府提出的建设“经济强、百姓富、环境美、社会文明程度高的新扬州”的指示精神，稳步发展社区教育工作，参与扬州的社区治理工程，取得了较为显著的成效。在沿湖村良性发

展过程中,扬州开放大学联合方巷镇政府、方巷镇社区教育中心,共同打造沿河村社区教育基地和社区教育品牌项目。

二、主要内容

扬州开放大学以沿湖村为社区教育基地,开展新乡村振兴系列教育,着力提升社区百姓的基本文化素养,开拓他们的眼界与思路,以适应沿湖村转型发展的新需要。

2017 年 12 月,扬州开放大学旅游发展学院对邗江区沿湖村进行小微企业双创(餐饮企业竞争力提升)培训工作。2018 年 3 月至 5 月,扬州开放大学在沿湖村举办沿湖村转型发展研讨会,扬州开放大学、邗江区农村工作委员会、邗江区教育局和方巷镇政府、方巷社教中心、沿湖村等单位共同参加,共商沿湖村转型发展大事。2018 年 4 月,针对沿湖村餐饮和民宿项目,开设沿湖村转型发展专题培训班,组织沿湖村村民到浙江德清、安吉和江苏金坛、宜兴等地考察,学习外地成功经验。2018 年 7 月 16 日,台湾云林科技大学张文山教授受邀指导扬州开放大学沿湖村转型发展项目。

图 1　沿湖村转型发展项目专家研讨会

经扬州市教育局、扬州开放大学及沿湖村的促成,沿湖村党支部依靠集体智慧,带领村民建设最美湖村的奋斗事实,成功申报了江苏省首批游学项目"渔乐渔学"。在沿湖村实现转型、向旅游休闲渔村发展的进程中,扬州开放大学与方巷镇政府、方巷镇社区教育中心共同发起设立沿湖村学习苑，以“新时代，新渔村，新渔民”为培训目标，与村集体合作开展全村村民“建美丽新村、焕素质新貌”的社区教育培训，制订出详细的新渔民培训方案，由扬州开放大学组织各学院专业人员，有针对性地开展送教活动。

在建设沿湖村学习型社区的活动中，扬州开放大学做了全面的规划思考，先后组织全校十多个学院的优质资源服务沿湖村产业发展；组织专家对沿湖村转型发展培训方案、培育项目进行认真调研，就渔村产业转型中的一些关键问题进行深度剖析。

三、 成效及影响

沿湖村率先迈出传统渔业转型发展的步伐，从以前全区的经济贫困村、矛盾村发展成为现在的先进村、立功村。2017 年，沿湖村运营渔家乐餐饮 10 家、培育民宿 10 家（运营 5 家）、农村电商 5 家；接待游客 18 万人次，旅游收入约 2 300 万元，带动就业岗位 981 个。2018 年，沿湖村运营渔家乐餐饮 15 家（精品 6 家）、运营民宿 10 家（精品 4 家）、农村电商 25 家；接待游客 26 万人次。到目前为止，旅游收入约 3 680 万元，带动就业岗位 1 267 个。

图 2　刊登在英国《卫报》上的沿湖村照片

沿湖村先后获得国家级“最美渔村”“全国休闲农业三星级旅游园区”“江苏省最美乡村”“江苏省生态村”“江苏省特色景观旅游示范村”等荣誉称号。2017 年 3 月，中央电视台《新闻联播》对沿湖村聚焦报道，2018 年 2 月 14 日，沿湖村更是直接走进中央电视台新闻直播间，给全国人民拜年。2018 年 10 月 18 日，沿湖村喜迎中外媒体采风团，渔家传统的捕捞技艺——撒旋网，登上英国《卫报》。

“朦胧驿站”1+N终身学习发展共同体

——盐城市建湖县“朦胧驿站”游学项目

一、项目背景和基本情况

“朦胧驿站”项目依托盐城市建湖县境内的红色教育基地、智能制造业、美丽乡村生态资源和特色农产品资源，开展爱家乡、爱社会、爱祖国主题教育。项目通过“智慧制造基地”游学激发青年学习、创业的激情；利用九龙口生态湿地游学激发青年保护环境，认识到绿水青山就是金山银山；利用朦胧宝塔、陆公祠、民主政府旧址游学激发青年的家国情怀；通过美丽乡村、高水平农科教基地游学，激发青年爱社会、爱祖国，建设美好家园的激情。

图1　“朦胧驿站”游学项目建设研讨会

二、主要内容

“朦胧驿站”的标识中间是朦胧宝塔，代表着建湖县优秀的古文化传承；中间的丝带代表不断开拓的游学之路；游学的印章，表示在引领青年成长的路上将会留下深深的印记；下面跳动的火焰，寓意社区教育人“火”一般的热情，抱团取火，共同发展。

图2　“朦脓驿站”标识

建湖县把“朦胧驿站”纳入县社区教育总体规划，宝塔社教中心主任担任组长，负责项目管理；沿河、恒济社区教育中心担任副组长，负责项目实施；建阳、九龙口、高作社区教育中心主任作为项目组成员。在各社区教育中心，建立“朦胧驿站”分站。针对建湖县区域特点，各分站通过问卷调查、实地走访需求分析等方式，制订切实可行的计划，获得政府、教育主管部门经费支持。

为了推进建湖县经济社会、文化教育的和谐发展，社区教育中心以江苏开放大学“学习苑”（宝塔点）为载体，与智能制造、石油机械企业、生态渔业等有效融合。2018年，江苏开放大学“学习苑”（宝塔点）先后与江苏正源创辉渔业有限公司、江苏红旗机床制造有限公司等企业结成合作伙伴，将两个企业作为游学体验基地，满足不同人群的学习需求；以游学形式实现培训的流动化，培训的地点从企业、田间到村居、学校；以技能和创业为考核形式，安排“一对一”的帮扶；通过游学基地建设、课程建设，确保教育培训活动规范有序、落到实位。

“朦胧驿站”终身学习发展共同体实施校际联盟，有效促进了联盟单位资源共建、师资共建、成果共享，在县内产生了一定的影响力和号召力，已经衍生出品牌的连锁效应，得到了同行和当地老百姓的认可和好评。

“朦胧驿站”1+N终身学习发展共同体不断壮大。该模式得到了教育主管部门的充分肯定，获得了区域内居民的普遍认可。在六家社区教育联盟的基础上，庆丰、上冈等社区教育中心积极申请加入，建湖县教育局将全县

15 个社区教育中心划分为东区、西区两个片区共同体，在“朦胧驿站”1+N 终身学习发展共同体的牵头下进行资源共享。

“朦胧驿站”成功转变了居民们的学习方式，由单一、呆板的学习教育活动变为多样、灵活的体验式学习教育活动。结合建湖县实际，“朦胧驿站”充分利用乡村独有的生态、自然资源，以最少的投入获取最大的教育效果。居民在体验过程中，游览当地景点，领略历史人文，在学习之中放松，在游玩之中学习，促进文化的融合，开阔视野。

“朦胧驿站”依托区域特有的优美景观、自然环境、历史文化等资源，在传统农村休闲游和农业体验游的基础上，创新社区教育工作模式，把建湖现有的自然人文优势不断放大，以文教化，寓教于游，使社区教育与区域特色文化融为一体。

“朦胧驿站”1+N 终身学习发展共同体——乡村深度游学的实践探索项目紧密结合历史文化、智慧制造产业以及生态湿地景观等，在教育体验活动中宣传当地产品、增加当地农民就业机会，提高了农民参与社区教育活动的积极性和主动性。

“朦胧驿站”1+N 终身学习发展共同体——乡村深度游学的实践探索打破了传统的学习模式，让游学者在领略大自然风光和健身娱乐的过程中边体验、边学习，在享受中学习，在学习中提高。“朦胧驿站”创新了居民学习的方式，激发了居民学习的热情，调动了当地农民参与社区教育培育的积极性和主动性，提高了新型职业农民的技能和素质，促进全民终身学习活动的开展。

图 3　青年石油机企业游学体验活动

图 4　暑期青少年“陆秀夫纪念馆”游学活动

三、成效及影响

终身学习发展共同体模式的建设,极大地调动了社区教育工作者参与社区教育的主动性、自觉性和积极性,扩大了社区教育影响力和辐射度。实践证明,农村乡镇社区教育中心采取“强强联合”或“青蓝结对”的共享发展模式是切实可行的,是符合农村社区教育现状的一条发展新路径。

不忘初心雷锋路，乐于助人梦翔人

——连云港市“梦翔学雷锋志愿者服务中心”志愿活动

一、项目背景和基本情况

连云港市“梦翔学雷锋志愿者服务中心”，起源于以孙迁英为组长，张学堂、徐广北、滕银山为组员的四人学雷锋小组。2016 年以后，在各级领导的关爱下，在社会各界的支持下，学雷锋志愿服务的参与人数越来越多。截至 2019 年，“梦翔”已拥有 38 个中队，形成一支近万人的队伍。2017 年，“梦翔”获得连云港市文明办颁发的“连云港市优秀志愿者组织”、中共海州区委组织部颁发的“优秀党员志愿者队伍”、洪门街道办事处颁发的“建设洪门有功单位”等荣誉称号；2018 年，获得连云港市妇联颁发的“最有影响力的群众组织”荣誉称号。

二、主要内容

连云港市“梦翔学雷锋志愿者服务中心”几十年如一日，坚持学雷锋、做雷锋，乐于助人。对孤独老人，“梦翔人”更是关心备至，理事长孙迁英制定好服务计划，刘素芳、张学堂、徐广北、葛树香、卢正香等人分别拎着各种慰问品，定期上门服务，和老人聊天，打开老人心结，为老人洗头、理发、剪指甲、洗衣服、打扫家庭卫生……

2007 年隆冬，“梦翔”的理事长带着核心队员，到 93 岁的李守珍老人家走访时，发现李守珍老人面色如土，气息微弱地躺在床上。当从保姆口中得知老人十几天不能排便时，葛树香马上买来开塞露给老人用，可五瓶开塞露用完，老人的症状并未缓解，仍无法排便。葛树香和卢正香便脱下棉衣，卷起袖子，蹲下身子，连手套都没戴，直接用手指为老人抠大便。老人用微弱的声音向理事长提出请求，请求帮她洗个澡。理事长马上分好工，烧水的，找桶的，给老人脱衣服的，十分钟后，她们把老人抬到桶里，认认真真地为老人洗了个澡，老人开心了，说她可以干干净净地离开这个人世了！当有人问葛树香：你为老人抠大便，不臭、不脏吗？葛树香平静地说：我把她当成我妈！像这样把孤寡老人看成是亲妈一样的，还有“梦翔人”朱玉兰，她侍候九十多岁的邻居老人三年，为其端水喂饭，处理大小便。“梦翔人”就是这样，把独居老人当作自己的爹娘照顾。端午节，让老人吃上清香的粽子；中秋节，让月饼滋润老人的心窝；过新年，为老人送上所需的礼品和温情的祝福……九十多岁的张明老人说：你们“梦翔人”太辛苦了，我需要的是精神安慰，请你们不要送东西给我，只要常来看看我，把你们拍的老人们的照片给我看看就行了。

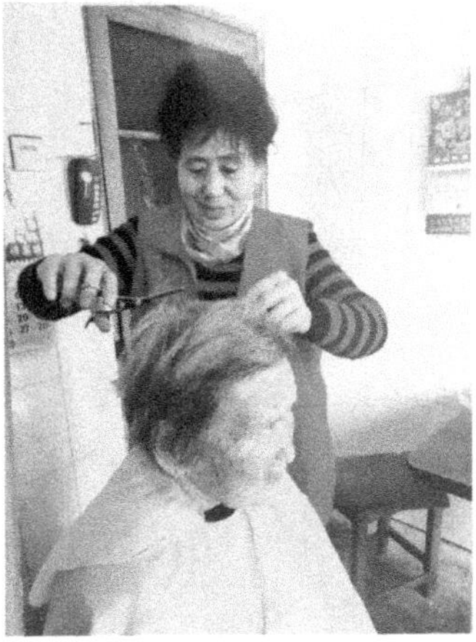

图 1　志愿者为高龄老人理发

图 2　为老人包饺子

少年儿童是祖国的未来、民族的希望、社会主义现代化事业的接班人。“梦翔人”同样心系儿童，深知关爱贫困、留守儿童的重要意义。因此，理事长订立了关心未成年人工作条例。“梦翔人”参加全国的“恒爱行动”，为边远地区的儿童编织爱心毛衣，仅短短的四个月，“梦翔人”就编织了五百件毛衣。这些毛衣由市妇联寄到了新疆。后来，霍尔果斯市伊东嘎善乡赤哲尕善村一位受赠毛衣的回族小女孩马佳东写了一封信，这封信飞越千山万水，来到“梦翔”，“梦翔人”被小姑娘的感恩之情打动。连云港市妇联为了宣传弘扬“梦翔人”的精神，制作了名为“远方的来信”的电教片。在五百件爱心毛衣中，“梦翔人”肖娟一人就织了近百件，她可是位心脏病患者啊！是对孩子关爱之心和崇高的乐于助人的境界，促使她满腔热忱，不知疲倦地飞针走线。当电视台记者采访她时，她平静地说：我只想把我的心意融进一件件毛衣中，让寒冷中的孩子不挨冻！肖娟的精神激励着“梦翔人”，男同志一有空就绕线团，女同志更是争分夺秒地编织。七十多岁的卢正香，老伴患小脑萎缩，生活不能自理，她还要每天送孙女上下学，买菜、做饭、打扫卫生，白天没有空闲，她便利用夜里的时间编织毛衣，就这样，她编织了五十多件。“梦翔人”就是这样，宁愿自己苦点、累点，也要把爱送给需要的人。

图3　为贫困儿童织毛衣

为了让孩子们能够从小接受乐于助人、无私奉献精神的熏陶，理事长亲自为他们上思想品德教育课，她还经常到一些社区、机关单位进行正能量的授课教育。“梦翔学雷锋志愿者服务中心”的活动经费除了民政局的拨款外，每人每日践行“一日一善”，即每人每天自愿向服务中心捐献一元钱。十九大召开期间，“梦翔人”举着党旗、国旗，提着小广播，沿街歌唱《没有共产党就没有新中国》《东方红》《学习雷锋好榜样》等红歌，激发居民们的爱党爱国热情。在“梦翔”的活动室，大家静心聆听习主席在十九大上的政治报告，一起讨论十九大会议精神。对于行动不便的老人，“梦翔人”提着小广播登门为老人唱红歌，讲十九大的会议精神。在张锦华老人家唱红歌时，两位老人激动得热泪盈眶，十分感慨地说：感谢共产党给了我们好日子，也感谢共产党教育出你们这些好人。

三、 成效及影响

“梦翔”以“文明我参与，雷锋伴我行”“做好事，管闲事，讲正气，斗邪气”为格言和服务宗旨，教育引导有理有节、深入人心，为创造文明家庭、和谐社会做出巨大贡献。“梦翔人”的行动，是践行社会主义核心价值观的生动写照，是模范履行和恪守新时代社会主义核心价值观的真实体现。

守正笃实，久久为功，“梦翔学雷锋志愿者服务中心”紧跟时代步伐，为共筑美丽中国梦、共建美德新港城、为创建全国文明城市而不懈努力，为港城特色发展、绿色发展、创新发展而继续拼搏。“梦翔人”用自己的行动，赋予“雷锋精神”在港城崭新的注解；“梦翔人”用自己的执著，让“雷锋精神”的旗帜飘扬在港城的大街小巷；“梦翔人”用自己的坚毅，让“雷锋精神”焕发出新时代的最强音！

以“一街一品”项目为载体，促进社区教育内涵发展

——南京市栖霞区社区教育品牌建设实践案例

一、项目背景和基本情况

社区教育作为与老百姓生活最密切的教育，是一种应需求而生、从需求出发的教育形式，其运行机制、服务内容、发展方向与政府和老百姓的需求息息相关。南京市栖霞区行政区域面积 395.44 平方千米，常住人口总数 70.4 万人，下辖 9 个街道，119 个社区（村），其中，涉农街道 2 个。整体上，栖霞区社区教育对象综合素质参差不齐。结合区域社区教育需求实际，培育打造老百姓喜闻乐见的社区教育品牌是社区教育品质发展的必然选择。努力实现三年内一个街道一个区级社区教育品牌，五年内有省、市级社区教育品牌，成为全区社区教育人共同的目标，也是栖霞社教人共同努力的方向。

二、建设过程

2015 年，南京市教育局下发《南京市“百姓喜爱的终身学习活动品牌”培育及推进工作方案》（宁成教学〔2015〕2 号），文件精神明确社区教育品牌培育与打造的目标与任务。2017 年 3 月，栖霞区在成功创建江苏省省级社区教育示范区的基础上，组织所有社区教育管理人员及专职教师，认真学习省市级关于社区教育品牌建设文件，并责成栖霞区社区培训学院着手起草《栖霞区社区教育“一街一品”评审方案》，将社区教育“一街一品”项目作为

栖霞区社区教育品牌建设的主要抓手。社区学院组织社区办所有人员认真研讨省市标准,精心架构评审指标体系,制订评审量化表,为项目评审夯实前期基础。

图1 栖霞社区教育“一街一品”专家评审会

栖霞区教育局组织专职管理干部,进行实际走访调研,做好组织、动员工作。根据《栖霞区关于培育及评选“一街一品、一社一特”工作的通知》(宁栖教字[2017]53 号)的要求,教育局自 2017 年起在全区开展社区教育“一街一品、一社一特”的培育及评选活动,力争三年内每个街道培育一个社区教育活动品牌,每个社区应有一项社区教育特色活动。各社区教育中心积极申报,教育局联合社区学院认真评审,立项授牌并坚持指导跟踪服务,做好督导验收和项目评估工作。

三、 主要内容

栖霞区“一街一品”品牌项目经过两年多建设,基本实现了一个街道一个品牌的预期目标。

品牌范围涵盖老百姓生活的方方面面,涉及健康养生、家乡历史挖掘、非遗文化传承、休闲文体娱乐、经典作品欣赏、书画培训,以及网格化、全民化学习组织与服务等。栖霞街道社区教育中心建设了“丹枫乐学”项目,燕子矶街道社区教育中心建设了“燕子矶街道健康养生讲堂”项目,西岗街道社区教育中心建设了“墨香西岗”项目，尧化街道社区教育中心建设了“韵动柔力球，活力尧坊门”项目，八卦洲街道社区教育中心建设了“八卦洲洲史大讲堂”项目，马群街道社区教育中心建设了“马群街道金马艺术团”项目，迈皋桥街道社区教育中心建设了“品经典，抒情怀”项目，龙潭街道社区教育中心建设了“箔韵龙潭”项目，仙林街道社区教育中心建设了“网众悦学”项目。

截至 2019 年，栖霞区 9 个街道立项 9 个区级社区教育品牌，第一期立项的 5 个品牌顺利通过中期检查，第二期的 4 个品牌正在进行中期检查。2018 年、2019 年连续两年每年创建市级社区教育品牌各 1 个，2019 年成功创建省级社区教育品牌 1 个。

四、成效及影响

通过品牌建设，栖霞区社区教育走向品质提升、内涵发展的道路。栖霞社区教育管理者找到社区教育的抓手，通过项目化运作，不断提升社区教育管理水平。经过两年的品牌建设，社区教育工作者进一步明晰品牌理念，增强品牌意识，品牌建设能力进一步提高，社区教育工作业务水平有效提升，社区居民的参与度和满意度增加，幸福感和获得感增强。

书香墨韵谱华章，路南梦想已起航

——“书香路南”社区教育品牌项目

一、项目背景和基本情况

为深入贯彻落实党的十九大精神，增强文化自信，丰富群众精神文化生活，扩大“书香路南”品牌影响力，2018 年 4 月，连云港市海州区路南街道启动“书香路南 · 经典咏乐会”，旨在以书会友，诵读经典，分享快乐，通过线上线下的阅读活动和书香阵地建设，推进全民阅读进基层、惠群众，提升路南辖区社区教育水平。

二、主要内容

连云港市海州区路南街道地处市中心，辖区面积 2.5 平方千米，下设 9 个社区居委会，总人口 4.5 万人。拥有新海实验中学、解放路小学、海宁小学、新浦少年宫、钟声幼儿园等优质教育资源。近年来，街道致力于打造“书香路南”特色品牌，积极整合辖区资源，拓展书香文化阵地，先后开展“好书漂流”“爱心小报童卖报传书香”“书香家庭评选”“亲子悦读文化节”“书香路南 · 经典咏乐会”等活动，营造出向上向善、终身学习的浓厚文化氛围。

2018 年 4 月，“书香路南 · 经典咏乐会”启动仪式暨经典咏乐会首场演出在路南街道百姓广场隆重举行。在启动仪式上，经典诗文朗诵表演“少年中国说”，铿锵音韵传达出中华少年顶天立地的自强。钟声幼儿园、孔子国学堂、赋曦书院带来的古诗联诵，从“问渠那得清如许，为有源头活水来”的探寻与发现，到“为中华之崛起而读书”的境界与追求，读书的意义在孩子们的诵读中得到了阐释与丰富。

启动仪式后，经典咏乐会进社区活动全面展开，社区先后开展五四青年诗歌朗诵会、阅读点亮成长之路、“我为爷爷奶奶读经典”、“书香花香溢校园，悦读润童心”等阅读活动近 20 场次。其中，葵花社区的“亲子国学诵读大讲堂”周周举办，多次被省市媒体报道，成为“书香路南 · 经典咏乐会”中的特色品牌。街道引入拥有中华传统文化教育资格的教师团队，为辖区未成年人提供家门口免费的国学教育。国学大讲堂已成为解决孩子们身心健康问题、提高家庭教育水平探索新的路径。

图 1　书香路南 · 亲子悦读文化节启动仪式

图 2　“书香路南 · 经典咏乐会”启动仪式

为丰富居民的文化生活，街道建立“书香路南读书会”微信群，方便居民随时随地交流读书心得，引导市民在参与中提升文化素养。街道在每个社区显著位置设置漂流书屋，居民把家中闲置的书籍，或者自己喜爱的书拿来“漂流”，社区工作人员定期更换漂流书屋内的书籍，让图书发挥更大的价值，营造全民阅读的良好氛围。

2019 年 3 月，为进一步扩大“书香路南”影响力，街道在“路南先锋”微信公众号上开设“书香路南 · 经典咏乐会”专栏，开启“书香路南 · 经典咏乐会”线上活动，传诵经典文化，展示时代风采，用声音触摸书中岁月，感受经典文化沉入心底的力量。活动面向社会征集朗读者，每月一个主题，推送路南干部群众诗文朗读音频或视频，展示街道社区相关工作成果，先后推送《面朝大海，春暖花开》《母亲》《我长大了》《我爱这土地》《曾在军旅》等经典诗文。活动一经推出受到辖区群众广泛关注，通过新媒体传播享誉全市。

为进一步丰富“书香路南·经典咏乐会”内涵，拓展社区教育阵地，路南街道先后投入近20万元改、扩建综合文化广场和百姓广场，同时还建成孝文化广场、科普宣传一条街和法制长廊等宣传阵地，为辖区群众健身、读书、娱乐提供了优美、整洁、舒适的环境。街道在朝阳社区试点建设“朝悦空间”图书馆分馆，图书室位于东大新村小区内，约100平方米，内有政治、经济、文学、科普等各类藏书2 400余册，另配有电脑3台，与市图书馆通借通还，有效促进辖区居民养成“多读书、乐读书、读好书”的良好习惯。路南街道每个社区都建立图书馆，平均藏书800册左右，免费向居民常年开放。盐河社区图书室虽只有80平方米，却有藏书1 000余册，每周定期举办“邻里读书会”。街道还开展“书香路南·经典点亮人生”读后感征集活动，让辖区居民分享自己的“人生书籍”或者读书感悟。征集活动从一开始就获得辖区读书爱好者的积极响应，短短一个星期就收到了50余篇投稿。街道经过综合评选，最终选出10篇优秀作品。

图3　路南街道社区婆婆节

图4　“书香路南·爱满港城”母亲节亲子诵读公益活动

三、成效及影响

开展书香路南品牌建设以来，辖区基本形成书香社区、书香广场、书香校园、书香家庭四大文化阵地，涌现出“亲子悦读文化节”“书香路南·经典咏乐会”“爱心小报童卖报传书香”等品牌活动。其中，仅“书香路南·经典咏乐会”专题活动，一年就开展线上线下活动近百场次，受众人群上万人次。通过这些活动，喜欢读书的人多了，居民文明程度提高了，社区也和谐了。《扬子晚报》、《县域经济报》、《连云港日报》、江苏文明网等媒体均对项目开展情况进行了报道。

恩存于心，与爱同行

——记“暖心同梦”校外青少年教育项目

一、项目背景和基本情况

近年来，无锡市梁溪区上马墩街道以党建引领、区域一体化为抓手，整合辖区各类组织围绕“奉献、友爱、互助、进步”的原则，集合各类教育资源，在校外青少年教育项目上持续汇聚合力，倾力打造“暖心同梦”校外青少年教育项目，并在不断发展中深化内涵，校外教育品牌效应不断扩大，受惠群体不断增加。

“暖心同梦”校外青少年教育项目于 2013 年启动，该项目依托社区青少年活动和党群活动中心阵地，面向上马墩街道地区 8—14 岁困境儿童，通过组织共建、资源共享、责任共担、服务共帮，聚合资源为他们解决学习、生活、成长方面的难题，通过采取道德教育、人格培养、心理教导等手段，为辖区青少年提供教育引导、生活关爱、才学提升等全方位、点对点的关心教育，为青少年营造良好的学习与生活环境。

二、主要内容

“暖心同梦”项目依托社区青少年活动阵地和党群活动中心，建立了一支专业的校外辅导兼职教师队伍，共计 30 余人。专业社工队伍为上马墩街道地区 8—14 岁困境儿童，提供有针对性的社工服务，为他们解决学习习惯较差、心理压力较大、不善与人交往等成长难题。

街道每年都会有针对性地开展校外主题教育活动，与辖区企事业单位、图书馆、中学教师和退休党员领导干部结对，筛选部分品学兼优的困境家庭学生发放《“五位一体”暖心圆梦手册》，以“三卡两承诺”的方式，为青少年提供物质保障和精神保障，帮助他们解决生活困难。

街道联系心理咨询师协会，组建志愿者团队并成立“好妈妈俱乐部”，主动发挥志愿团队爱心妈妈在情感辅导、学业互助、经验分享、能力提升方面的作用，为青少年提供家门口的教育服务。该项目还针对部分学生家长开设校外辅导讲座，引导他们在重视孩子教育的同时，注重提高自身素质，构建良好的家庭环境。

街道通过凝聚辖区各类党群组织、社会组织和社会各界的爱心力量，成立青年志愿者服务队，构建学校、家庭、社区、社会“四结合”的教育培育网络，打响“四位一体”的地区助学品牌。他们通过凝聚辖区各类党群组织、社会组织和社会各界的爱心力量，将教育和关爱持续扩展到青少年学习和生活的方方面面。

三、成效及影响

社区“一家亲”社区学堂，有 13 间不同的功能室，低偿或无偿为地区弱势群体和困境儿童提供各类文化艺术培训服务，吸纳“留贝书屋”等公益组织开设全市第一家亲子阅读点，营造全民阅读的良好氛围。

“暖心同梦”项目得到很多社会单位的大力支持。在无锡市心理咨询师协会的支持下，获得希捷慈善高尔夫公益慈善金 47 万元，用于支持“点亮星灯”特殊教育学校自闭症儿童潜能发展项目。书画家协会将拍卖所得的 34 800 元，捐赠给“暖心同梦”项目，为项目开展提供了更多资金保障。

2018 年新成立“一家亲”巾帼公益联盟，让具有法律、心理、社会工作等专业背景的人士，加入校外教育中，吸引教育心理咨询、困难援助服务、健康成长生活、文艺体育提升等更多优秀的公益项目及志愿服务活动，形成覆盖全街道更多青少年的项目联盟。

截至 2019 年，“暖心同梦”项目已走过六个春秋，累计覆盖人数 1 万多人，活动志愿者 2 000 多人，青少年参加各类讲座活动达 1. 1 万多人次，资助贫困学生 250 人，建立校园小义工队伍 18 支。从"'1+3'大手牵小手暖心结对"到"引入公益组织培育'好妈妈'抚育好孩子"，再到"地区全动员八位一体全方位关怀"，一股股爱心热潮正悄悄蔓延到整个城市，铸就一个公益品牌——"暖心同梦"。

上马墩街道荣获全国创建学习型示范街道、首届江苏省社区教育百强单位、全省关心下一代工作先进集体。"暖心同梦"被评为 2018 年无锡市终身学习品牌项目，及全国终身学习品牌项目。

图 1 "携手童行"活动

图 2 尊老爱幼

图 3 与爱同行活动

第三部分

百项大事记

2017—2019

2017 年

1 月,江苏省社会教育服务指导中心印发《关于表彰江苏学习在线——夕阳红 · 扶老上网工程省级示范单位的通知》(苏社教指〔2017〕1 号),持续推进"夕阳红 · 扶老上网"工程。

1 月,苏州市召开社区教育工作研讨会。

2 月,镇江市社区教育工作推进会在句容召开。

3 月,淮安市开放大学召开全市 2017 年度社区教育工作会议。

3 月,常州市武进开放大学和金东方颐养中心共同筹建的"养教联动"示范基地顺利揭牌,成为全省首家"养教联动"示范基地。

4 月,江苏省社会教育服务指导中心公布首批"江苏省社会教育百强单位"。

5 月,苏州市承办首届"社区学习共同体"发展国际研讨会。

6 月,全省社会教育服务指导中心建设推进会在江苏开放大学召开。

6 月,由江苏开放大学、江苏省社会教育服务指导中心主办的全省"学习苑"项目建设工作推进会在常州召开。

6 月,由江苏开放大学、江苏省社会教育服务指导中心主办,江苏开放大学社区教育管理学院承办的全省开放大学系统第二期社会教育专题研修班在苏州市吴中区举行。

7 月,第三版"江苏学习在线"正式上线。

7 月,江苏省社会教育游学项目建设专题研讨会在无锡昆山市召开。

7 月,台湾成人及终身教育学会参访团赴盐城市考察社区教育工作。

8 月,无锡市滨湖区教育局召开"社区教育参与社区治理效能调研"座谈会。

8 月,扬州市 2017 年社会教育管理者培训班在江海学院成功举办。

9 月,江苏开放大学承办甘肃省社区教育管理人员培训班,来自甘肃省教育行政部门和电大系统的 56 名管理工作者参加了培训。

9 月,无锡市社区教育管理干部研修班在温州城市大学举办。

9 月,常州市茶山街道社区教育中心申报的"瑞文有约"社区行获得江苏省及全国"社区教育品牌项目"。

10 月，由江苏开放大学、江苏省社会教育服务指导中心主办，南通开放大学承办的江苏省首届社区摄影大赛启动仪式在南通开放大学举行。

10 月，江苏省社会教育服务指导中心启动主题为“赞歌献给党，喜颂十九大”的江苏省首届社区歌咏大赛。

10 月，江苏开放大学成功主办 2017 年江苏省全民终身学习活动周“新闻会客厅”活动。

10 月，镇江市“润州‘炫彩社区’大学堂”项目被中国成人教育协会评为全国“终身学习品牌项目”。

10 月，镇江开放大学成功举办镇江市首届社区教育艺术节。

10 月，南京市启动“十三五”社会教育课题研究工作，共立项 37 项市级课题。

11 月，淮安市社会教育服务指导中心成立，挂靠在淮安开放大学。

11 月，南京市建邺区沙洲街道社区教育中心报送的终身学习品牌项目“宣德堂”，被评为 2017 年全国“终身学习品牌项目”。

11 月，宿迁市首届老年学历教育本科班在宿迁开放大学举行开班典礼。

11 月，盐城市“鹿鸣尚学堂”荣获全国“终身学习”品牌称号。

12 月，江苏省社会教育服务指导中心依托“江苏学习在线”平台开设“时代旋律 社区楷模”学习栏目，面向全省社区居民开设网上党建教育项目。

12 月，江苏省社会教育服务指导中心印发《关于启动首批省级游学项目申报工作的通知》(苏社教指〔2017〕30 号)，江苏省社会教育游学项目正式启动。

12 月，江苏省社会教育服务指导中心表彰 2017 年度社区教育先进单位。

12 月，连云港市东海县桃林镇获评“国家级社区教育示范镇”称号。

12 月，苏州市承办 2017 年第十四届海峡两岸终身学习峰会。

2017 年全年，江苏开放大学承担了省教育厅第六批教育改革发展战略性与政策性研究课题“《江苏省终身教育促进条例》立法研究”任务。

2018 年

1 月,江苏省委宣传部、江苏省教育厅等十三家单位授予南通开放大学“2017 年度文化科技卫生‘三下乡’先进集体”荣誉称号。

3 月,徐州市召开 2018 年社区教育工作会议。

4 月,南京开放大学、南京建邺社区学院成为“全国社区教育数字化学习联盟”会员单位。

4 月,南通开放大学与甘肃白银电大结对开展社区教育,东西部结对工作深入推进。

5 月,江苏省社会教育“名师工作室”工程正式启动,江苏省社会教育服务指导中心印发《关于公布社区教育省级“名师工作室”申报结果的通知》(苏社教指〔2018〕14 号),共 61 家单位获得立项,。

5 月,由江苏开放大学社会教育处立项制作的纪录片“江苏红色文化经典”资源登陆中宣部“学习强国”学习平台展播。

5 月,经中国成人教育协会农村成人教育专业委员会和教育部社区教育研究培训中心评定,盐城楼王镇社区教育中心获得“全国社区教育特色学校”称号。

6 月,以“出彩新时代 承担新使命”为主题的第二届全国社区教育青年论坛顺利举办。论坛由江苏省社会教育服务指导中心主办、无锡开放大学承办。

7 月,由江苏省教育厅主办、江苏开放大学和江苏省社会教育服务指导中心承办的“2018 年江苏省社区教育管理干部专项能力提升研修班”在成都举办。

7 月,宿迁市出台《宿迁市社区教育师资队伍建设实施方案》(宿教职社函〔2018〕7 号)。

8 月,江苏省社会教育服务指导中心印发《关于公布江苏省首批游学项目结果的通知》(苏社教指〔2018〕24 号),首批共 11 个游学项目获得立项。

8 月,苏州市铜仁社区教育研讨会暨对口帮扶培训签约仪式举行。

9 月,江苏省社会教育服务指导中心开展了第四批联盟网站建设工作,新建 16 家联盟网站。

9 月，以“改革新征程 社区新风貌”为主题的江苏省第二届社区摄影大赛成功举办。大赛由江苏省社会教育服务指导中心主办，无锡开放大学承办。

9 月，以“赞歌致敬新时代 改革开放再出发”为主题的江苏省第二届社区歌咏大赛成功举办。大赛由江苏省社会教育服务指导中心主办，南京开放大学承办。

9 月，以“庆祝改革开放四十周年　书写‘强富美高’新江苏”为主题的江苏省第二届社区书法大赛成功举办。大赛由江苏省社会教育服务指导中心主办，镇江开放大学承办。

9 月，江苏省社会教育服务指导中心印发《关于“养教联动”基地建设的指导意见》（苏社教指〔2018〕33 号）。

9 月，由江苏开放大学、江苏省社会教育服务指导中心组织开展的首届江苏省社会教育（教学）成果奖获奖项目名单揭晓，共 29 个项目获奖。

9 月，江苏省社会教育服务指导中心印发《关于公布东西部结对名单及推进结对工作会议的通知》（苏社教指〔2018〕39 号）。

9 月，无锡市社区管理干部高级研修班在上海复旦大学成功举办。

9 月，常州钟楼区永红街道社区教育中心等十家单位组建“红枫林”社区教育集团。

10 月，江苏开放大学、江苏省社会教育服务指导中心与陕西广播电视大学、陕西省社区教育指导中心推进东西部社会教育结对工作会在陕西省西安市召开。两省 46 家结对院校负责人参会。

10 月，由江苏省社会教育服务指导中心主办的“城乡社区教育科研工作培训班”在浙江省海宁市顺利进行。

10 月，“推动全民终身学习 服务乡村振兴战略”主题研讨会在镇江句容市顺利召开。

10 月，江苏开放大学被中国成人教育协会评为“2018 年事迹特别突出的优秀成人继续教育院校（培训机构）”。

10 月，无锡市社会教育服务指导中心举办首届主题为“新时代开启社区教育新征程”的社区教育论坛活动。

10月,淮安经济技术开发区与长春广播电视大学签订教育部社区教育"i—阅读"体验基地协议。

11月,江苏开放大学成功举办湛江开放大学系统"开放大学建设与社区教育发展"专题培训班。

11月,由南京市教育局主办、南京开放大学承办的纪念改革开放四十周年"学家训、传家风、诵经典"社区教育社区行系列活动成功举办。

11月,南通市委宣传部、教育局、文广新局、民政局、共青团南通市委、市科协、南通开放大学共同举办南通市社区教育艺术节。

12月,"时代旋律　社区楷模"专题学习暨"奋斗在新时代,我与学习"主题征文活动举办。大赛由江苏省社会教育服务指导中心主办,常州开放大学承办。

12月,2018年全省社区教育课程建设培训班在扬州市江都区举行。

12月,由江苏开放大学、江苏省社会教育服务指导中心主编,南京师范大学出版社出版发行的"社会教育与江苏实践"丛书(2017卷)正式出版。丛书包含《江苏社区教育发展报告(2015—2016)》《江苏社会教育品牌与创新案例集(2016—2017)》《江苏社会教育优秀论文集(2016—2017)》三册。

12月,江苏社会教育学习体验基地建设工作启动。江苏省社会教育服务指导中心印发《关于公布江苏省首批社会教育学习体验基地的通知》(苏社教指〔2018〕49号)。

12月,江苏省社会教育服务指导中心发文表彰2018年度全省社会教育先进集体和先进个人。

12月,淮安市全民终身学习活动周启动仪式在淮安开放大学举行。

2019年

1月,江苏开放大学社会教育处被评为"2018年度江苏省文化科技卫生'三下乡'先进集体"。

1月,江苏省社会教育服务指导中心持续开展社区教育书法、摄影、歌咏系列大赛,印发《关于举办全省社区教育系列大赛的通知》(苏社教指〔2019〕1号)。

2 月，宿迁市职业教育与社会教育工作会议在沭阳县召开。

3 月，淮安市社会教育服务指导中心组织召开全市社区教育工作会议。

3 月，2019 年镇江市职业教育和社会教育工作会议召开。

3 月，苏州市人大常委会调研苏州市终身教育立法工作。

4 月，江苏开放大学、贵州广播电视大学社会教育协作推进会在贵州省贵阳市召开。会上签订了《校际合作框架协议》，4 所市县结对院校分别签订了《社会教育协作框架协议》。

4 月，江苏开放大学承办了宁夏广播电视大学系统“开放大学建设与社区教育发展”专题培训班。

4 月，南京市建邺区荣获首批联合国教科文组织“城市社区学习中心（CLC）能力建设项目”试验点。

4 月，扬州市社会教育服务指导中心成立。

5 月，江苏省教育厅印发《关于开展社区教育基础能力建设项目申报工作的通知》（苏教社教〔2019〕4 号），启动全省社会教育品牌建设及老年教育资源库建设工程。

5 月，江苏省社会教育服务指导中心发布《江苏省社区教育课程建设规范及江苏省社区教育通用型课程分类标准（试行）》（苏社教指〔2019〕12 号），深入推进社区教育课程标准建设。

5 月，南通市社会教育服务指导中心开展全市社区教育特色基地创建活动。

5 月，淮安开放大学制定《社会培训项目管理办法》。

6 月，江苏开放大学、江苏省社会教育服务指导中心在南通市举办社区教育与乡村振兴学术论文写作专题培训。

7 月，南京市终身教育服务指导中心启动“我和我的祖国”社区教育社区行系列活动。

7 月，扬州市广陵区李典镇社区教育中心编写的《乡情民俗》系列读本被评为“全国优秀乡土课程”。

7 月，盐城市召开 2019 年全市社区教育创建工作推进会，部署落实全市社区教育创建工作。

8月，南通市建设2019年全国优秀乡土课程10门，1门被评为全国十佳优秀乡土课程。

8月，江苏省首批语言文字推广基地落户淮安开放大学（全省共15个）。

9月，江苏开放大学召开以“融智·聚力·创新”为主题的2019年江苏省终身教育学分银行建设论坛。

9月，由江苏省社会教育服务指导中心主办，常州开放大学承办的“社区教育特色品牌项目建设专项培训”举行。

9月，江苏开放大学启动全省开放大学系统社会教育服务能力建设调研及督导试点工作。

9月，《新华日报》撰写《传承红色基因，不忘教育初心——江苏开放大学让红色文化飞入寻常百姓家》一文，报道了江苏开放大学社会教育、全民终身教育工作的开展情况。

9月，江苏省教育厅语言文字与继续教育处委托江苏省社会教育服务指导中心召开江苏省“社区教育基础能力建设”专题培训会，2019年度江苏省教育厅立项的25家“社会教育基础能力建设”的39位项目相关负责人参加了本次培训。

10月，2019年江苏省全民终身学习活动周启动仪式在扬州市邗江区举行。

10月，江苏省社会教育服务指导中心成立暨“江苏学习在线”开通十周年系列庆祝活动拉开帷幕。征集全省社会教育十年优秀成果及表彰先进个人和团队等。

11月，淮安市全民终身学习活动周启动仪式在淮安区举行。

11月，南京市暨溧水区全民终身学习活动周开幕式，在溧水区状元坊小学举行。

11月，盐城市阜宁县承办的盐城市全民终身学习活动周总开幕式启动仪式。

后记

POSTSCRIPT

三年来，在江苏省委、省政府的大力支持下，在江苏省教育厅的指导下，江苏社区教育持续深入发展，步入内涵发展与提升新阶段，不断强化社区教育组织机制，丰富社区教育内涵，完善社区教育体系，有效推进了江苏社区教育事业的发展。

为了全面回顾近三年江苏社区教育发展概貌，总结发展成果，探索发展规律，昭示发展方向，历经一年多的思考酝酿、调研分析、整理归纳、打磨润色，凝聚了全省社区教育工作者的心血和汗水的“社会教育与江苏实践丛书”(2019卷)正式出版。

丛书的编写工作由江苏开放大学、江苏省社会教育服务指导中心承担，得到了社会各界的大力支持。全省各市教育行政主管部门、各市社会教育服务指导中心、开放大学，以及相关职能单位的有关同志为丛书的编写提供了大量资料、数据和案例，在此表示诚挚的谢意！

按例，我们对丛书的编撰工作进行了分工。丛书主编为崔新有，副主编为吴忠宁、吴进，编委由丁晓华、马红霞、王权、王其友、冯亮、李伟力、吴杰、邱静、沈悦、张根和、张曌曌、陈峰、陈若愚、陈锦华、周芹传、施健、费红辉、钱旭初、高觐悦、黄会琴、葛俊芬、薛亮等组成。卷一《江苏社区教育发展报告(2017—2019)》主编为吴进、钱旭初，副主编为吴杰、丁晓华、王权。卷二《江苏省社区教育通用型课程建设指导大纲(选编)》主编为钱旭初、沈悦，副主编为吴杰、张曌曌、葛俊芬。卷三《首届“江苏省社会教育(教学)成果奖”获奖成果精粹》主编为吴忠宁、丁晓华，副主编为施健、费红辉、周芹传。

在编写过程中，我们采用文献研究、数据分析、案例分析等多种方法，倡导实事求是，用数据说话。但依然难免出现差错和疏漏，恳请各位专家、读者批评指正。

编　者

2019年12月